W0187084

CLAUS HIPP

DIE FREIHEIT,
es anders zu machen

CLAUS HIPP

mit Eva Eleonore Demmerle

DIE FREIHEIT, es anders zu machen

⁂

Mein Leben · Mein Denken
Meine Werte

PATTLOCH

Bibliografische Information: Deutsche Nationalbibliothek
Die Deutsche Nationalbibliothek verzeichnet diese Publikation in der Deutschen Nationalbibliografie; detaillierte bibliografische Daten sind im Internet über http://dnb.d-nb.de abrufbar

© 2008 Pattloch Verlag GmbH & Co. KG, München
Umschlaggestaltung: ZERO Werbeagentur, München
Umschlagfoto: S. Pielow
Lektorat: Petra Preis
Satz und Herstellung: Hartmut Czauderna
Druck und Bindung: CPI – Ebner & Spiegel, Ulm
Printed in Germany

ISBN 978-3-629-02207-3

Bitte besuchen Sie uns im Internet:
www.pattloch.de

2 4 5 3 1

Inhalt

Anstatt eines Vorworts …

Ein Familienunternehmen prägt

Auf den kommenden Seiten möchte ich einige meiner Erfahrungen und Gedanken der letzten Jahrzehnte niederlegen. In Deutschland können wir seit dem Krieg einen beispiellosen Aufstieg und wirtschaftlichen Wohlstand verzeichnen. Unsere Gesellschaft hat sich stabil entwickelt. Seit dem Fall des Eisernen Vorhangs hat sich Europa wieder zusammengefunden. Im Prinzip hätten wir wenig Grund zum Klagen. Und doch zeigen sich nicht wenige Anzeichen einer Unsicherheit der Menschen und der Krisenanfälligkeit unseres Gemeinwesens. Da wird auch viel dem Pessimismus das Wort geredet. Viel hat sich geändert, manches ist gleich geblieben, doch es ist meine feste Überzeugung, dass wir, wenn wir uns an unseren traditionellen christlichen Werten orientieren, die Zukunft gut bewältigen werden.

Das war auch immer ein Maßstab in meiner Familie. Für alle – in Vergangenheit und Gegenwart, und ich kann froh sein, zu sagen, dass dies auch die kommende Generation meiner Kinder und Enkel betrifft – haben diese Werte gegolten, und wir versuchen auch, sie zu leben. Natürlich kann nicht immer alles gelingen, wir erheben keinen Anspruch auf Perfektion. Jeder Mensch macht Fehler, auch ich. Manchmal sind es unbedachte Fehler, manchmal muss man aber auch mit bitterem Herzen eine Entscheidung treffen, mit der man andere verletzen kann. Es gibt Situationen, in denen man nur eine Wahl zwischen zwei schlechten Alternativen hat. Das sind dann besonders traurige Situationen.

Doch unsere alten christlichen Werte sind eine gute Richtschnur für unser Handeln. Und sie sind zeitlos. So wie sie vor Tausenden von Jahren gültig waren, so waren und sind sie es auch für meine Großeltern, für meine Eltern und für mich und für die nächste Generation.

Mein eigenes Leben ist eng mit unserer Firma verknüpft. Wir sind ein klassisches Familienunternehmen, welches heute schon in der dritten und vierten Generation geführt wird. Wir können von Glück reden, dass für uns der Spruch »Der Vater erstellt's, der Sohn erhält's, dem Enkel zerfällt's« nicht gilt.

Mein Großvater Josef Hipp hat den Anfang gemacht. Er war der erste »Babynahrungshersteller« unserer Familie, allerdings mehr aus Zufall als aus gezielter Planung. Er hat es verstanden, aus einer Not eine Tugend zu machen. Als meine Großmutter Maria im Jahr 1899 Zwillinge zur Welt brachte, konnte sie sie nicht stillen. Die Babys aber hatten Hunger. Da mischte Josef Hipp, der Konditormeister in Pfaffenhofen, wo unsere Firma bis heute noch ihren Sitz hat, fein gemahlenes Zwiebackmehl mit Milch und Wasser zu einem Brei zusammen. Die Zwillinge überlebten und wuchsen schließlich, wie die sechs anderen Kinder des Ehepaares, zu gesunden Erwachsenen heran. Die jüngste Tochter Juliane erfreut sich heute mit 94 Jahren noch guter Gesundheit.

Josef Hipp aber hatte die Idee, dieses fein gemahlene Zwiebackmehl als Babynahrung in seiner Konditorei und darüber hinaus anzubieten. Dies war die eigentliche Geburtsstunde unseres Unternehmens. Im Laufe der Jahre verkaufte schon mein Vater Georg Hipp immer mehr Zwiebackmehl in der Umgebung. Er war es dann, der den Ehrgeiz und das feste Bestreben hatte, aus dieser Idee einen Industriebetrieb zu machen.

Mein Großvater also war der Findige, der Lösungen sehr schnell entdeckt hat. Und mein Vater war ein Mann mit Visionen, der Ziele erreichen wollte. Der Sprung vom Handwerksbetrieb zur industriellen Produktion gelang ihm auch: Die in Gläsern verpackte Breikost hat sich später auch sehr gut verkauft und wurde unser Hauptprodukt. Noch heute haben wir im Foyer der Firma jenen Reibstein stehen, mit dem mein Großvater das Zwiebackmehl hergestellt hat. Dieser ursprüngliche Reibstein, an dem ich jeden Tag vorbeigehe, ist mir schon ein wichtiges Zeichen dafür, dass das Unternehmen mit fleißiger Arbeit begonnen wurde – und mit einem Qualitätsbewusstsein, das mein Großvater schon gepredigt hatte. Da er lange vor meiner Geburt gestorben war, habe ich ihn leider nicht mehr kennenlernen können. Die Grundsätze dieses Handwerksbetriebs gelten aber heute noch bei uns.

Mein Vater hat dann den Vertrieb sehr schnell nach vorne gebracht, er war ein Unternehmer im klassischen

Sinne. Wichtig für Firma und Familie war schließlich auch die Auseinandersetzung mit dem Nationalsozialismus. Die Familie war von Anfang an sehr stark dagegen eingestellt, so dass unser Name bei den Nazis bald in Misskredit geraten war und mein Vater gezwungen war, mit der ganzen Verwaltung der Firma nach München zu gehen, um weniger aufzufallen. Die Produktion ist in Pfaffenhofen verblieben.

Während der Nazi-Zeit war es nicht immer leicht für uns, zumal meine Verwandtschaft durchaus aus eigenwilligen Persönlichkeiten bestand. Eine Tante von mir hat sich im Unterricht geweigert, ihr Kreuz abzunehmen. Und eine andere Tante hat den Text der Enzyklika »Mit brennender Sorge«[1] von Rom nach Deutschland geschmuggelt.

Mein Vater lernte in München dann auch meine Mutter kennen, die Schweizerin war. Es war sehr schwierig für meine Eltern zu heiraten, da die Schweizer Familie sehr dagegen war, dass ihre Tochter einen Deutschen heiratet. Ein Onkel meiner Mutter war Schweizer Generalkonsul in München, der die Situation kannte und den Schweizern auch berichtet hat, wie schlimm das nationalsozialistische Regime ist. Aber die Eltern haben geheiratet, und fünf der sieben Kinder sind in München geboren und zwei in Pfaffenhofen.

---

1 Mit der Enzyklika »Mit brennender Sorge« reagierte Papst Pius XI. im Jahr 1937 auf die politischen Ereignisse in Deutschland. Sie wurde am 21. März 1937 von allen deutschen Kanzeln verlesen. Ihre Anfangsworte sind: »Mit brennender Sorge und steigendem Befremden beobachten Wir seit geraumer Zeit den Leidensweg der Kirche, die wachsende Bedrängnis der ihr in Gesinnung und Tat treu bleibenden Bekenner und Bekennerinnen inmitten des Landes und des Volkes, dem St. Bonifatius einst die Licht- und Frohbotschaft von Christus und dem Reiche Gottes gebracht hat.«

Nach dem Krieg haben wir die Verwaltung wieder nach Pfaffenhofen verlegt, da wir in München ausgebombt waren. Der Handel hat nach dem Krieg gekauft, was zu kaufen war, weil jeder wusste, dass es bald neues Geld geben würde. Nach der Währungsreform sind dann erst diejenigen Produkte in die Regale gekommen, die der Handel im Lager hatte, mit dem Erfolg, dass es überalterte Ware war. Mein Vater beschloss, alles umsonst auszutauschen und den Handel mit frischer Ware zu beliefern. Das hat uns fast an die Grenze des Abgrunds gebracht, wir standen kurz vor dem Ruin. Es haben viele Firmenmitarbeiter – wir hatten damals 100 bis 150 Mitarbeiter – gesagt: »Zahlen Sie uns nur ein Drittel, damit wir die Familie ernähren können. Wir wissen, wie schlecht es geht!« Wir mussten viele Leute ausstellen. Aber es ist dann wieder aufwärtsgegangen.

Uns kam dann die Schulspeisung zu Hilfe. Die Amerikaner lieferten Rohstoffe, die in deutschen Betrieben gemischt und an den Schulen verteilt wurden. Da wurde Milchpulver mit Zucker und Kakao vermengt, was dann mit Wasser angerührt ein Kakaogetränk ergab. Viele Betriebe haben sich beworben, wir auch, und man hatte einen sogenannten »Schwund« ausgehandelt, der durch das Mischen geschieht. Da hat es Unternehmen gegeben, die sechs bis sieben Prozent Schwund ausgehandelt haben. Mein Vater hat aber gesagt: »Ein Prozent reicht mir!« Und das eine Prozent hat auch gereicht. Er war einfach grundehrlich und qualitätsbewusst, und das sein ganzes Leben lang. Dadurch haben wir viele Aufträge bekommen und überleben können.

Aber an Weihnachten 1949 hat der Vater wirklich überhaupt kein Geld mehr gehabt, uns Kindern irgendwas zu Weihnachten zu kaufen. Seinem Bruder hat er einen Schuppen verkauft für 50 Mark, das war das Geld für Weihnachten. Es ist uns äußerst schlechtgegangen. Ich erinnere mich noch, wie in dieser Zeit das Schulgeld für mein Internat immer nur sehr zögernd gezahlt werden konnte.

In den frühen 50er Jahren haben wir sehr bald versucht, in der Schweiz tätig zu werden und dort Babynahrung zu verkaufen. Meine Mutter hat nach dem Krieg natürlich sehr stark wieder in die Schweiz tendiert. Zunächst ist das nicht gegangen, die Schweizer wollten kein deutsches Produkt.

Als dann unser Geschäftsführer, Dr. Caspar Arquint, krank wurde, ist er zum Arzt nach Zürich gegangen, und das war Dr. Bircher-Benner[2]. Dieser hat ihm gesagt, er müsste sich nur anders ernähren, er wäre nicht krank, er wäre gesund. Aber er sollte zum Frühstück ein Müsli essen. Und mein findiger Vater hat gesagt, so was könnte man auch industriell herstellen. Dann haben wir also ein Müsli entwickelt und eine Marktstudie durch ein bedeutendes Marktforschungsinstitut machen lassen, die aber ziemlich negativ ausgefallen ist. Mein Vater ist dann selbst in verschiedene Geschäfte gegangen, die ihm alle gesagt haben, wenn er Geld verlieren will, soll er es machen. Aber die Schweizer Hausfrau würde so etwas nie kaufen, das mache sie nur selbst.

---

2 Maximilian Oskar Bircher-Benner (* 22. August 1867 in Aarau; † 24. Januar 1939 in Zürich) war ein Schweizer Arzt und Ernährungswissenschaftler. Er entwickelte das Birchermüesli und gilt als Pionier der Vollwertkost.

Mein Vater hat es trotzdem hergestellt – und zwar erfolgreich. Wir waren damit eigentlich die Ersten, die die Bewegung für gesunde »Muesli«-Ernährung in Gang gebracht haben. Bedeutend für uns als Familie und als Firma war die Freundschaft meiner Eltern mit einem vorausschauenden und mutigen Schweizer, Dr. Hans Müller aus Großhöchstätten, den Begründer des organisch-biologischen Landbaus. Wir haben Getreide und Äpfel aus seiner Landwirtschaft zu Bio-Birchermüsli verarbeitet. Er wurde auch mein Mentor für den biologischen Landbau.

Dr. Hans Müller, der aus dem Emmental stammte, war Naturwissenschaftler und Nationalrat. Ursprünglich war er Lehrer. Er hat sehr bald gemerkt, wie wichtig es ist, den Kleinbauern zu helfen, denen es in jener Zeit der frühen 20er Jahre sehr schlechtgegangen ist. Viel Alkoholismus, Existenzvernichtung und alle möglichen Schwierigkeiten gab es. Müllers Bestreben war es, sie auf gesunde Füße zu stellen durch organisch biologischen Landbau, damit die Bauern sich selbst versorgen können. Damit sie keine hohen Tierarztkosten haben, keine Gelder für Spritzmittel und Kunstdünger. Das ist ihm sehr wohl gelungen, und dadurch hat er die Bewegung des biologisch-organischen Landbaus in Gang gebracht. Er musste sehr viel kämpfen gegen die Lobby der konventionellen Landwirtschaft, aber auch in der Politik. Er war ungerechterweise als Freund der Nationalsozialisten und vieles anderes Böses mehr verschrien. Er war jedoch ein grundehrlicher und mutiger Mann, der mir damals schon beigebracht hat, dass man einfach kämpfen muss, wenn man angegriffen wird.

Dass es durchaus richtig ist, eine Außenseitermeinung zu haben und für diese einzutreten. Und dass nicht immer die Meinung der Mehrheit die Wahrheit darstellt.

Mit ihm bin ich viele Nächte zusammengesessen, in denen er mich unterrichtet hat. Nachdem ich mein Abitur abgelegt hatte und Landwirtschaft studieren wollte, riet er mir davon ab, da würde ich nur »verdorben« werden. Was ich zur Landwirtschaft brauchte, würde er mir beibringen, ich solle ruhig Jura studieren. Es sei wichtiger, Leute zu haben, die eine gute Idee verbreiten und für die Idee einstehen können, als nur das Fachwissen ohne die Möglichkeit, es auch entsprechend nach außen zu tragen.

Mit Dr. Müller haben meine Eltern auch das Konzept entwickelt, unsere Fertigung auf biologisch-organische Produktion umzustellen und in kleinem Rahmen damit zu beginnen. Dieser erste Schritt war damals revolutionär. Es bedurfte großer Anstrengungen, die bisher konventionelle Nahrungsmittel liefernden Bauern von dieser Idee zu überzeugen. Wir sind tatsächlich von Landwirt zu Landwirt gefahren und haben versucht, ihnen die Vorteile dieser Art von Anbau nahezubringen. Heute arbeiten wir mit etwa 6000 Biobauern zusammen.

Ich selbst bin mit einer gewissen Selbstverständlichkeit in die Firma hineingewachsen. Mein Vater hat mich natürlich schon als seinen Nachfolger erzogen. Von klein auf als der Älteste und sehr früh von einem klugen Vater mit Verantwortung betraut, hatte ich eine schöne Kindheit. Die Firma war eigentlich mein Spielplatz. Ich weiß heute noch, wo Leitungen liegen, von denen keiner mehr eine Ahnung hat. Über 60 Jahre in einem Unternehmen, das bringt kaum einer zusammen. Viele Pensionisten wurden von mir verabschiedet, bei denen ich mich erinnern kann, wie sie als Lehrlinge zu uns gekommen sind. Ich erinnere mich sogar noch an die Heirat von Mitarbeitern, deren Sohn jetzt in Pension geht. Es ist eine unglaublich lange Zeitspanne, in der Wirtschaft am gleichen Platz zu sein.

Wir haben zu Hause immer übers Geschäft geredet, und das war eine gute Vorbereitung. Nach dem Studium war ich dann noch drei Jahre mit meinem Vater zusammen im Unternehmen. Das war eine sehr wertvolle Erfahrung. Mein Vater starb sehr überraschend im Jahr 1967. Am Tage vor seinem Tod – er hatte einen Herzinfarkt – haben wir uns noch unterhalten. In diesem Moment hat er auch übers Sterben gesprochen: »Es kann mal schnell gehen, und ich möchte eigentlich 90 Jahre alt werden, aber man weiß ja nicht …« Er war damals erst 62. Und da hatte er mir gesagt, im Schreibtisch lägen alle Unterlagen, er hatte die Todesanzeige schon verfasst sowie einen Abschiedsbrief an die Mitarbeiter vorbereitet. Ich könne es natürlich verwenden, aber er würde da keinen Einfluss mehr nehmen. Ich solle mich halt da bedienen, wenn ich es für richtig finde. Ich solle vor allem schauen, dass die Leute nach der Beerdigung zum Essen eingeladen werden, damit alle gut versorgt wären. Wir haben über diese Dinge ganz sachlich gesprochen, so wie wir früher diskutierten, ob wir jetzt ein Stück Land kaufen oder nicht. Als mein Vater dann 24 Stunden später tot war, habe ich, wie besprochen, in seinem Schreibtisch, an dem ich selbst heute noch sitze, den Brief an unsere Mitarbeiter gefunden. Als ich daraufhin den leitenden Firmenmitarbeitern die Abschiedsworte meines Vaters vorgelesen habe, waren alle völlig verstört, viele haben geweint wie kleine Kinder. Die Mitarbeiter wussten gar nicht mehr, wie es weitergehen sollte, denn ich war damals erst 29 Jahre alt. Und irgendwie habe ich es geschafft, dass ich zwar mit zittriger Stimme, aber immerhin mit trockenen Augen den Brief vorlesen konnte. Damit war die Rangfolge geklärt. Von Anfang an hatte ich weder Kompetenzprobleme noch persönliche Durchsetzungsschwierigkeiten. Zwar hatte ich eine Mannschaft übernommen, die der Generation meines Vaters angehörte, aber schließlich gelang uns ein harmonischer Übergang. Sukzessive wurden die Führungspositionen durch jüngere Mitarbeiter ersetzt, die jetzt ihrerseits schon in Pension sind.

Es ist uns in den letzten 40 Jahren geglückt, die Firma auszubauen, neue, zusätzliche Standorte zu begründen und erfolgreich alle Krisen zu umschiffen. Wir haben heute Standorte in Deutschland, in der Schweiz, in Österreich, Kroatien, Ungarn, der Ukraine und in Königsberg. Ich bin dankbar, dass sich alles so gefügt hat. Es ist das Fundament meiner Eltern und meiner Vorfahren, auf dem wir weiterbauen durften. Und wir hatten auch immer zum richtigen Zeitpunkt die richtigen Mitarbeiterinnen und Mitarbeiter, die das Rückgrat eines Unternehmens bilden.

In unserer Firma bemühen wir uns um nachhaltiges Wirtschaften im Einklang mit der Natur. Wir bemühen uns um ein gutes Verhältnis mit unseren Partnern, mit den Lieferanten und dem Handel. Bei alldem hilft eine klare Orientierung, wie sie uns das Christentum gibt. Und davon soll auch dieses Buch handeln. Man braucht die Dinge nicht immer akademisch hochtrabend zu formulieren. Manches kann man mit ganz einfachen Worten sagen – und damit wird man auch verstanden. Mit einer geschraubten wissenschaftlichen Sprache wird man nicht glaubwürdiger.

In diesem Buch spreche ich einige Problemkreise an, die mir am wichtigsten erscheinen. Dabei spielt die Frage nach der Tätigkeit und Gestaltung des Staates wie der Wirtschaft eine wichtige Rolle. Werte sind nicht etwas, was irgendwo über uns schwebt, sondern sie sind in jedem Lebensbereich, in jedem wirtschaftlichen und politischen Handeln gefragt. Wie der Staat beschaffen ist, wie eine Wirtschaftsordnung gestaltet sein soll – das sind Themen, die unsere Ethik und unsere Werte ganz fundamental berühren.

Woran krankt es in Staat und Gesellschaft?

Um es gleich vorwegzunehmen – nicht alles in unserer Gesellschaft ist schlecht. Und es soll hier auch keine Publikumsbeschimpfung betrieben werden, wie wir sie gegenwärtig in großer Zahl auf dem Buchmarkt vorfinden. Möchte man dem, was da alles geschrieben wird, Glauben schenken, so findet man sich wieder inmitten von Weltuntergangsszenarien, die uns den unmittelbaren Crash vorhersagen – wenn nicht, ja wenn nicht unmittelbar den Ratschlägen des Autors zur Rettung der Welt gefolgt wird. Der Weltuntergang geht von der Klimakatastrophe über den Verkehrskollaps, über die Bildungskatastrophe, das Ende des Sozialstaats, über die terroristische Bedrohung, die Verrohung der Jugend, die Armutsfalle Globalisierung (auch hier bei uns in Deutschland!), den Siegeszug der Islamisten und, und, und. Aus den Medien tönt die schlechte Nachricht des Tages, das Unglück der Woche, die Krankheit des Monats und die Katastrophe des Jahres. Skandale beuteln die Republik – Manager geraten ins Zwielicht und werden von der Steuerfahndung im Morgengrauen abgeholt, einstige deutsche Vorzeigeunternehmen rutschen in den Bestechungssumpf, öffentliche und halböffentliche Banken verspielen Staatsgeld (d. h. das Geld des Steuerzahlers) in undurchsichtigen Geschäften und werden anschließend mit dem Geld desselben Steuerzahlers wieder saniert. Die Deutschland AG schlingert. Ich habe den Eindruck, es herrscht eine Art trotziger Verzagtheit in unserem Land.

Man könnte diese Liste beliebig fortsetzen. Der Pessimismus feiert fröhliche Urständ, und die Medien machen regen Gebrauch davon. Jede politische Initiative wird umgehend für aussichtslos erklärt, die Risiken jeder Veränderung betont, ihre Nachteile dramatisiert und ihre Vorteile zur Illusion erklärt.

Doch wie steht es wirklich mit unserer Gesellschaft? Steht unser Gemeinwesen tatsächlich vor dem Kollaps? Sind wir in Deutschland, in Europa dem Untergang geweiht? Warum schaffen wir es nicht, uns der Probleme, denen wir gegenüberstehen, mit Nüchternheit und Pragmatismus anzunehmen? Anstatt dessen versinkt diese Gesellschaft in Zukunftsangst. Es herrscht eine Entschlossenheit, sich auf alle Fälle auf keine Veränderung einzulassen.

Dem lauten Klagen über die zunehmend egoistischere Ellenbogengesellschaft stehen aber auch nüchterne Zahlen gegenüber: Zwischen Juli 2005 und Juni 2006 spendeten die Deutschen 2056 Millionen Euro für gemeinnützige Zwecke, und davon betrug der Anteil für humanitäre bzw. karitative Zwecke über 83 Prozent[3]! Unzählige Menschen engagieren sich in Ehrenämtern, das heißt, sie arbeiten in ihrer Freizeit unentgeltlich für

3 Pressemitteilung des Deutschen Spendenrates vom 13. 9. 2006

eine gemeinnützige Sache. Sei dies nun im Feuerwehrverein, in einem Orchester oder in einer Einrichtung für hilfsbedürftige Menschen. Und noch immer rangiert in Umfragen die Familie auf Platz eins bei der Frage, was denn das Wichtigste im Leben sei. Noch immer also gelten Dinge, die mit Egoismus und Materialismus ja doch so gar nichts zu tun haben.

Man sollte also etwas vorsichtig sein mit Untergangstheorien aller Art. Es hat sich schon vielfach gezeigt, dass aus einer sterbenden Pflanze auf einmal ein neuer Trieb gewachsen ist. In vermeintlich alt und müde gewordenen Gesellschaften stecken doch noch Elemente neuer und überraschender Vitalität. Das können wir auch bei uns in Europa beobachten.

Trotz einer über nahezu 60-jährigen Erfolgsgeschichte unserer Demokratie, trotz eines nie gekannten Wohlstandes, ist die gegenwärtige Situation gekennzeichnet von einer gefühlten Unsicherheit der Menschen. Der Einzelne fühlt sich unsicher in der Beurteilung unserer Gegenwart und in den Maßstäben des Tuns. Einst sicher geglaubte Institutionen brechen in sich zusammen. Arbeitsplätze sind schon längst nicht mehr sicher, die »Lebensstellung« von einst gibt es nicht mehr. In der Politik erleben wir eine verkehrte Welt – stand einst die Sozialdemokratie für Fortschritt und Zukunftsgewandtheit, so ist dies heute ein Markenzeichen der einst als konservativ und bewahrend charakterisierten Unionsparteien.

Überhaupt stellen wir einen Paradigmenwechsel in unserer Demokratie fest: Ursprünglich war der Staat dazu angetreten, die Freiheit seiner Bürger zu gewährleisten und die Entfaltung des Individuums zu fördern. Heute erleben wir die Einengung der bürgerlichen Freiheiten in fast jedem Politikbereich, wobei die großen Volksparteien in einem ständigen Wettlauf sind, wer es denn am besten schafft, noch mehr Kontrolle im Staate auszuüben. Wie konnte es so weit kommen?

Überregulierung – eine Folge von Einzelinteressen

Ein starkes Symptom, dass in unserer Gesellschaft eine Schieflage eingetreten ist, liegt meines Erachtens darin, dass wir eine immer stärkere Tendenz haben, das Eigeninteresse an die Stelle des Allgemeinwohls zu setzen. Das sogenannte »bonum commune« spielt zunehmend weniger eine Rolle. Die persönliche Freiheit ist für viele Entscheidungen das einzige Maß der Dinge. Vergessen wird dabei, dass die wahre Freiheit auch immer ein Maß an Disziplin benötigt, um am Ende wirklich Freude zu bringen. Aber die immer intensivere Durchsetzung von Einzelinteressen ist zum Schluss eine Katze, die sich in den Schwanz beißt. Wenn wir nicht an die anderen, nicht an das Allgemeinwohl denken, dann tritt ein gefährlicher Automatismus in Kraft: Es kommen immer mehr Forderungen, mehr zu regeln, um eben die eigenen Interessen immer weiter zu schützen. Und schließlich kommen wir dahin, wo wir sind: zu einer überregulierten Gesellschaft.

Ein Grund für das Handeln auf Kosten des Allgemeinwohls ist sicherlich in einer starken Diesseitsorientierung zu suchen. Der ehemalige Verfassungsrichter Böckenförde hat einmal den Satz geprägt, die säkulare Demokratie lebe von Voraussetzungen, die sie selbst nicht garantieren könne. Das Wesen einer pluralistischen Gesellschaft besteht natürlich aus der Freiheit des Einzelnen. Und doch ist diese Gesellschaft darauf angewiesen, dass in ihr Werte gelebt werden, die aus sich heraus bestehen und die nicht der Beliebigkeit einer Mehrheitsabstimmung unterliegen. Letzten Endes gibt es keine Garantien. Aber dennoch müssen diese Werte vermittelt werden, durch die Eltern, durch die Erziehung, durch die Schulen. Die Menschen prägen schlussendlich einen wertbewussten Staat. Wenn sich eine Staatsform zu bestimmten Werten entschließt, wie wir sie im Grundgesetz haben, dann gilt es, diesen Werten immer wieder Gehör zu verschaffen. Das ist mitunter natürlich schwierig. Denn die Demokratie ist eine Staatsform, die sehr viel Sicherheit bietet, aber beim Durchsetzen der Werte große Mühe hat.

Es gibt da durchaus Dinge, die sich widersprechen. Auf der einen Seite haben wir unserer demokratischen Verfassung das Recht auf Selbstverwirklichung, auf die persönliche Freiheit. Mitunter kann es da mal auf Kosten anderer gehen. Es tritt eine Entwicklung ein, dass die Mehrheit zugunsten von Minderheiten zurücktreten muss. Die Minderheiten, die sich durchsetzen, haben natürlich entsprechende Macht. Meistens ist es wirtschaftliche Macht. Sie argumentieren, dass sie im Interesse der Allgemeinheit handeln würden. Es kann durchaus sein, dass eine Minderheit – wenn man jetzt mal vom Geld absieht – die Wahrheit erkennt und versucht, sie durchzusetzen, und damit gar nicht durchkommt. Und eine Mehrheit, die diese Wahrheiten nicht erkennt, stimmt die Minderheit nieder.

Die Mehrheit ist nicht immer die Garantie für das Richtige. Oder einfacher gesagt: Es gibt oft mehr Dumme als Gescheite. Da sind dann die Grenzen der Demokratie erreicht. Die Frage ist, wenn die Minderheit die Wahrheit und die Weisheit hat, wie kann sie sie einer Mehrheit gegenüber durchsetzen? Sicher mit Argumenten, aber wenn Argumente nicht durchdringen? Gerade in einer Mediengesellschaft, die Argumenten gegenüber nicht geduldig genug ist, hat die Demokratie durchaus Probleme.

Ein konkretes Beispiel wäre auch unser Gesundheitssystem, das mittlerweile zu einem System geworden ist, in dem viele kleine Interessengruppen bedient werden, aber im Großen und Ganzen funktioniert es nicht mehr und ist angesichts der gegenwärtigen demographischen Entwicklung nicht mehr tragfähig. Jedes Mal, wenn eine Gesundheitsreform ansteht, rüsten die Lobbyisten auf – von Patientenvertretungen bis hin zur Pharmaindustrie – und versuchen mit starkem publizistischem Geschütz, ihre Interessen wahrzunehmen. Das Ergebnis kennen wir. Auf der Strecke bleibt am Ende alles: der Patient, die Gesundheit und der Arzt.

Das Gleiche bei Minderheiten von Völkern und Volksgruppen, die nicht stark genug sind, um nach vorne zu drängen. Wir haben die Minderheiten von Weltanschauung, von Religion. Die Demokratie ist dazu verpflichtet, hier die Minderheiten zu schützen. Minderheiten werden einem nicht so viele Wählerstimmen einbringen, aber wer verantwortungsvoll denkt und wertebewusst orientiert ist, der wird sich um die kleinen Gruppen kümmern. Die Menschen werden dann mehr Achtung vor ihm haben, weil er sich menschlich zeigt und sich für die Kleinen einsetzt, anders als vor einem, der nur ein reiner Machtpolitiker ist. In großen Ländern, beispielsweise in Russland, wo immer mehr Macht in immer weniger Händen konzentriert wird, bleibt nicht viel für die Minderheiten. Macht verführt auch zum Missbrauch.

In den letzten Monaten hat es auch größere Debatten und Aufregungen gegeben über die mangelnde Integration von Ausländern in unserer Gesellschaft. Hier ist viel verschlafen worden: Knapp neun Prozent unserer Bevölkerung sind Ausländer. Und noch immer gibt es Vorurteile und Unbehagen. Auch von der Politik wird zu wenig getan. Wir brauchen die Zuwanderung, wir brauchen die Arbeitskräfte. Wenn man in einem Land nicht bereit ist, etwas zu tun, damit die Geburtenrate im richtigen Maße ist, dann hat dies zwangsläufig einen wirtschaftlichen Niedergang zur Folge. Es sei denn, die fehlenden Geburten werden durch Zuwanderung ausgeglichen. Heute ist es aber so, dass zu wenig Qualifizierte nach Deutschland kommen. Die jungen Polen z. B. gehen nicht nach Deutschland, sondern nach England. Und das wird sich bald auf unseren Arbeitsmarkt auswirken. Wenn wir Leistungsträger nicht veranlassen, zu uns zu kommen, dann fehlen sie uns später.

Werte sind wieder etwas wert

In Deutschland jammert man gern. Fast könnte man hier eine Parallele finden zu dem Sprichwort: »Wenn der Bauer nicht mehr klagt, dann ist er tot.« So nehmen Pessimismus und Mutlosigkeit zu. Während die Nachfrage nach Werten steigt. Die jungen Leute, vor denen ich in Universitäten rede, sind sehr interessiert an der Wertedebatte, weil sie merken, dass es so wie bisher nicht weitergehen kann. Sie merken auch, dass irgendetwas nicht in Ordnung ist. Derzeit erleben wir einen massiven Wertewandel. Die christlichen Werte werden oft belächelt und komisch angeschaut. Manch einer traut sich nicht, dazu zu stehen, weil er Angst hat, alt, verstaubt und konservativ zu wirken, wenig fortschrittlich und nicht auf der Höhe der Zeit. Und trotzdem ist mit unseren alten christlichen Werten und Tugenden alles festgeschrieben, was wir brauchen. Und das über die Konfessionen hinweg. Seit Tausenden von Jahren ermöglichen uns diese Werte ein gedeihliches Zusammenleben und sind Basis für unsere großartige europäische Kultur. Ohne das Christentum hätte sich Europa und auch die Welt niemals so entwickelt. Natürlich hat es große Fehler gegeben, Irrtümer, Grausamkeiten. Doch andererseits: Wer wollte zurückkehren in die Zeit, in der sich die germanischen Stämme gegenseitig die Köpfe eingeschlagen haben, in die Zeit, in der das Faustrecht galt und der Stärkere mit der größeren Axt am Ende der blutige Sieger war?

Wir erleben auch, dass das Christentum einem starken Gegenwind ausgesetzt ist. Wir werden angegriffen, auch durch Urteile weltlicher Gerichte. Denken wir an das sogenannte Kreuzurteil, mit dem verboten werden sollte, Kreuze in öffentlichen Gebäuden aufzuhängen. Das ist auch kein Schnee von gestern. Vor kurzem erst beschloss der Parteitag der Grünen einen Antrag, alle christlichen und religiösen Symbole aus den Schulzimmern zu verbannen – kein Kreuz, keine Ordenstracht, kein Kopftuch. Wo ist eigentlich die Toleranz geblieben? Oder es gibt auch generelle Angriffe gegen die Religion; die ganze Debatte in Deutschland um das Tragen des Kopftuchs ist meines Erachtens eine einzige Debatte um die Religion. Man will die Religion, den Glauben aus dem öffentlichen Raum verbannen. In einer angeblich aufgeklärten Zeit habe die antiquierte Religion nichts mehr zu suchen. Fast wäre es auch gelungen. Doch überraschend für viele ist die Religion wieder da. Im Ursprungsland des Laizismus, in Frankreich, spricht Präsident Sarkozy davon, den Religionsgemeinschaften mehr Raum zu geben. Nach dem Tod von Papst Johannes Paul II. stehen binnen kürzester Zeit vier Millionen Leute in Rom, um Abschied von ihm zu nehmen. Und wenige Monate später jubeln Millionen von jungen Leuten auf dem Weltjugendtag Papst Benedikt XVI. zu, der einst als »Panzerkardinal« verschrien war.

Helfen ist eine Sache, die Erfüllung bringt

Im Grunde genommen haben wir relativ gute Ausgangsbedingungen, um die Welt nicht schwarz zu sehen. Es stimmt, dass unsere heutige Gesellschaft sich im Umbruch befindet, aber wir haben das Potenzial, sie positiv zu gestalten. Wir sollten uns doch einmal auch vor Augen halten, wie gut es uns geht. Seit über 60 Jahren haben wir keinen Krieg mehr erlebt, wir haben es zu einem ungeahnten Wohlstand gebracht und haben im Großen und Ganzen Frieden und Ruhe. Allein unsere Infrastruktur ist wahrscheinlich eine der besten der Welt. Vielleicht mag es banal klingen, aber fließend Warm- und Kaltwasser zu jeder Tageszeit, eine Heizung im Winter, ein gutes Straßen- und Verkehrssystem sind ein großer Luxus, der nicht für jeden Menschen selbstverständlich ist und auch bei uns bis vor wenigen Jahrzehnten nicht selbstverständlich war.

Wir sollten dankbar sein. Und aus dieser Freude heraus kann man auch schauen, wo man anderen helfen kann, dass es ihnen ein wenig bessergeht. Denn helfen zu können, gefragt zu sein – das ist eine Sache, die Erfüllung bringt. Manch einer, der traurig alleine herumhängt, wäre glücklich und froh, wenn er etwas helfen könnte! Wir sollten mehr Wert auf das Ehrenamt legen. Alle karitativen Engagements tragen hauptsächlich dann, wenn sie in privaten Händen sind. Wir sollten nicht so häufig nach dem Staat rufen und dann verzweifeln, wenn der Staat nicht helfen kann. Schauen wir doch mal, was diese vielen kleinen Nachbarschaftshilfen heute für eine große Aufgabe haben. Die

Tafeln[4], die auch einmal ganz klein angefangen haben, sind heute aus unseren Städten nicht mehr wegzudenken. Es kann sehr viel bewegt werden, wenn man helfen will.

Es ist das natürliche Bedürfnis des Menschen, immer mehr haben zu wollen. Aber dieses Mehr-haben-Wollen, Mehr-Anstreben, ist ja auch der Motor unserer Wirtschaft. Wenn die Zufriedenheit zu groß ist, dann haben wir kein Wachstum mehr. Und ohne Wachstum geht es nicht. Also ein gewisses Maß an Unzufriedenheit gehört dazu. Ganz Zufriedene suchen sich nichts Neues. Zufriedenheit ist durchaus wichtig auf der einen Seite. Aber wenn die Zufriedenheit in Sättigung, in Übersättigung übergeht, dann gibt es einen Unterschied. Ein gewisses Ruhegefühl ist nicht schlecht, aber man soll im Leben auch immer noch hungrig sein nach schönen Dingen und nach geistigen Dingen.

Die 68er: Reaktion auf verkrustete Verhältnisse

In letzter Zeit wurde viel über die sogenannte »68er Generation« gesprochen, die vor 40 Jahren auf der Straße gestanden ist und wild protestiert hat. Die Proteste von 1968 waren eine Reaktion auf den Krieg und auf die Nachkriegsjahre. Im Krieg hatten noch Not und Hunger geherrscht, aus den mageren Jahren des Wiederauf-

4 Die Tafeln gibt es seit ca. 15 Jahren in Deutschland. Sie sammeln Lebensmittel, die qualitativ noch einwandfrei sind, aber nicht mehr im Handel verwertet werden, bei Bäckereien, Wochenmärkten, Supermarktketten etc. ein, um sie an Bedürftige weiterzugeben. Das Engagement ist rein ehrenamtlich. Mittlerweile gibt es in Deutschland knapp 800 Tafeln.

baus wurden die fetten Jahre des Wirtschaftswunders. Da wurde verkrampft gearbeitet, um aus der Not herauszukommen, um materiellen Wohlstand zu schaffen und Umsatz zu haben. Die 68er waren eine sehr freiheitsliebende Generation, und ihre Proteste waren eine Gegenreaktion auf den etablierten Trend. Verheerend war allerdings die Verquickung mit der marxistischen Ideologie, mit den dahin einhergehenden Folgen. Aus der 68er-Bewegung sind halt nicht nur die sogenannten neuen sozialen Bewegungen, wie die Umweltbewegung, die Atomkraftgegner und die feministischen Aktivistinnen, hervorgegangen, sondern auch die RAF. Vielleicht war '68 notwendig gewesen, um einiges Verkrustetes aufzubrechen und in Bewegung zu bringen, aber viele haben den Begriff Freiheit falsch interpretiert und sind über das Ziel hinausgeschossen.

Die Gesellschaft rückt sich auch immer wieder gerade, und das Pendel schlägt mal in eine andere Richtung. Inzwischen sind die 68er alle im Pensionsalter, man trifft mitunter noch einen im Richtersessel oder anderswo, aber das ist auch schon eine Kuriosität. Und wenn wir sehen, wie sehr die jetzige Jugend engagiert, leistungsbereit und interessiert ist, dann sehen wir, dass '68 nun wirklich abgeschlossen ist.

Christentum – sozial und tolerant

Es ist eigentlich normal, dass wir in der Geschichte eine Wellenbewegung haben. Mal herrscht eine traditioneller Einstellung vor, mal eine liberalere. Wir haben das auch im 19. Jahrhundert gesehen. 1803 kam die Säkularisation, und damit war die Kirche in Deutschland so gut wie entmachtet. Aber aus einer scheinbar hoffnungslosen Situation kann man etwas Gutes schaffen. Am Ende des Jahrhunderts stand die Kirche wieder fest am Boden, sie allein konnte die Antwort auf die drängenden neuen sozialen Fragen geben[5]. Über das Jahrhundert hinweg war aus dem Gebot der Nächstenliebe heraus die katholische Soziallehre entwickelt worden, die nach wie vor eine prägnante Richtschnur für die Gestaltung der Gesellschaft ist. Man muss auch einmal über den eigenen zeitlich begrenzten Horizont hinaus und in größeren Zeitabschnitten denken. Ich habe einmal mit einem jetzt schon verstorbenen Mönch, Pater Franz – er war früher mein Präfekt in der Schule im Kloster Scheyern –, gesprochen und ihm gesagt: »Eigentlich sind hier ja nun viel weniger Mönche als zu meiner Schulzeit.« Da hat er zu mir gesagt: »Nach der Reformation waren wir nur zu fünft, und im 19. Jahrhundert waren wir über siebzig.«

Es gibt selbstverständlich auch Kräfte, die sich gegen das Erstarken der Religion wehren. Urteile wie das Kreuzurteil oder die Debatten über das Tragen des Kopftuchs, die Bücher der großen Atheisten, die derzeit den Markt überschwemmen, zeigen, dass das Un-

5 Selbst die Bismarckschen Sozialreformen wie Krankenkassen und Arbeitslosengeld waren die Antwort auf die Soziallehre der Kirche, die als fast einzige gesellschaftliche Kraft sich mit Beginn der Industrialisierung sowohl durch Taten als auch durch die Lehre der sozialen Konflikte angenommen hatte. Die erste Sozialenzyklika »Rerum Novarum«, die 1891 von Papst Leo XIII. veröffentlicht worden ist, war maßgeblich geprägt von den Theorien und Erfahrungen der deutschen Theologen und Sozialethiker und ist noch heute ein lesenswertes Dokument.

behagen vor dem Religiösen groß ist. Vor allem die Debatte über das Kopftuch der Musliminnen und der Umgang mit dem Islam nehmen groteske Züge an. In meiner Jugend haben die Frauen Kopftuch getragen, etwa auf dem Feld, im Stall und auch im Haus, wenn geputzt worden ist. Im Kaukasus, der eine der ältesten christlichen Traditionen überhaupt hat, tragen alle älteren Frauen Kopftuch.

Es gibt meines Erachtens eine übertriebene Angst vor dem Islam, und da wird auch gleich das Kind mit dem Bade ausgeschüttet. Wir leben hier in Europa in einem über Jahrtausende vom Christentum geprägten Kulturkreis und müssen uns unserer Religion bei weitem nicht schämen – und wir können sehr wohl auch andere Religionen achten und respektieren. Mir scheint, die vermeintliche Stärke des Islams bei uns ist allein durch die Schwäche des Christentums bedingt. Wenn wir uns wieder intensiver zu unserem eigenen Glauben und zu unseren eigenen Wurzeln bekennen, dann finden wir auch zu einem ganz anderen Umgang mit dem Islam. Nicht vergessen werden darf, dass der Islam nach dem Judentum und dem Christentum der jüngste monotheistische Glaube aus der Wiege des Orients ist.

Der Staat – eine Hydra

Und immer stärker wird der Einfluss des Staates. Auch hier beobachten wir ein sich gegenseitiges Hochschaukeln von Bürger und Staat. Vom Staat wird viel erwartet, und der Staat erwartet zu viel von sich selbst. Ist ein Missstand entdeckt, zum Beispiel von den Medien »aufgedeckt«, so soll umgehend ein neues Gesetz geschustert werden. In den meisten Fällen wird es dann eher »geflickschustert«. Von der Heckenhöhe in Schrebergartenanlagen über die Geländerpflicht bei zweistufigen Treppen bis hin zum sich widersprechenden Steuerrecht – alles ist geregelt. Der Ruf des Bürgers nach dem Staat und dessen umgehende Reaktion sind ein circulus vitiosus. Zwangsläufig ist damit ein Verlust der Freiheit verbunden. Zwar haben wir im Moment so viele Existenzgründungen wie noch nie, aber die Zahl gesetzlichen Auflagen ist schon atemberaubend. Der Staat erstickt an der Fülle seiner Normen[6]. Nicht nur die Freiheit geht verloren, sondern auch die Gerechtigkeit.

Steuergerechtigkeit gibt es schon lange nicht mehr. Erst kürzlich wurde gemeldet, dass immer mehr mittlere Einkommen, Facharbeitereinkommen, in die höchste Steuerklasse rutschen. Große Konzerne können durch geschickte Firmensitzkonstruktionen erreichen, dass sie fast gar keine Steuern bezahlen, während der mittelständische Betrieb von der Last erdrückt wird. Selbst der steuerwillige Bürger (wie viele sind es noch?) wird zwangsläufig in die Illegalität getrieben – so sehr widersprechen sich die Gesetze. Kaum jemand kann seine Steuererklärung noch selbst machen, auch erfahrene Steuerberater geben zu, dass sie sich manchmal nicht mehr auskennen.

---

6 Paul Kirchhof, Das Gesetz der Hydra. Gebt den Bürgern ihren Staat zurück. Droemer, München 2006

Und in der Wirtschaft? Der Mittelstand ist das Rückgrat der Wirtschaft, unseres Landes – und die Politik kümmert sich nicht darum. Es gibt rund 85 000 Vorschriften, die einen mittelständischen Betrieb betreffen. Wir erleben, dass die Politik die großen Konzerne umwirbt, aber die größten Arbeitgeber dieses Landes – die mittelständischen Unternehmen – haben in fast allen Bereichen das Nachsehen und werden vom Staat eher gebremst als gefördert.

Ludwig Erhard war der Erfinder der sozialen Marktwirtschaft. Sie ist im Gegensatz zu einer freien Marktwirtschaft, die die Schwachen nicht mitzieht. Aber wir erleben gegenwärtig, dass die soziale Marktwirtschaft eher zu einem System wird, das die Tüchtigen, die Fleißigen über Gebühr strapaziert, fast ausbeutet, und etliche sich auf dem System ausruhen. Sowohl die Frage nach der gerechten Fürsorge für die Schwachen als auch die Frage einer gerechten Steuererhebung sind ethische Fragen.

In Bezug auf die Werte brauchen wir das Rad nicht neu zu erfinden. Wie wir handeln sollen, ist einfach und mit wenigen Worten klar festgeschrieben in den Zehn Geboten. Das Problem scheint vielmehr die Anwendung zu sein. Wir alle sind nicht perfekt und machen sicher viele Fehler. Aber es geht auch um das Bemühen, das Richtige zu tun, auch wenn es manchmal nicht gelingt.

Die Grundlagen unserer Ethik

Regeln für das Leben in einer Gemeinschaft gibt es, seit es Menschen gibt. Das Zusammenleben musste organisiert sein. Und alle Regeln des menschlichen Zusammenlebens sind mehr oder weniger ähnlich. In unserem christlich-abendländischen Kulturkreis sind es die Zehn Gebote, die zu bestimmenden Leitbildern wurden, und für mich als Katholiken haben darüber hinaus die vier Kardinaltugenden eine besondere Bedeutung.

Die Zehn Gebote

Eine Pastorin erzählte mir einmal, dass ihre Konfirmanden im Untereicht ermüdet abwinkten, als die Zehn Gebote durchgenommen werden sollten. Die Pastorin ließ ihre Gruppe daraufhin einmal selbst zusammenschreiben, was sie als Regeln für ein kleines Dorf für geeignet hielten. Und siehe da, heraus kam Ähnliches: Fair miteinander umgehen, den anderen nicht verletzen, respektvoll zum Partner sein, keine üble Nachrede, Respekt vor dem Eigentum, Respekt vor dem Alter und so weiter. Also sind die Zehn Gebote doch nicht veraltet. Sie sind allgemeingültig für jede menschliche Gesellschaft.

Wann die Zehn Gebote genau entstanden sind, wissen wir nicht. Die Bibel berichtet von Moses, der auf den Berg Sinai ging und dort von Gott die Weisung erhielt, Seine Gebote in Stein zu meißeln. Moses hat wohl sehr lange gebraucht, denn als er wieder herunterkam, tanzte sein Volk, des Wartens müde, um ein Goldenes Kalb. Voller Wut zerstört Moses die Tafel, um später, nachdem er sich beruhigt hatte, die Zehn Gebote wiederum auf zwei Platten zu schlagen. Dies ist eine wunderbare Geschichte, und sie zeigt anschaulich, wie sehr der Mensch auf sich selbst bezogen wird, wenn er keine Regeln hat, an die er sich halten kann und soll: Er tanzt um das Goldene Kalb.

Die wahre Entstehungsgeschichte vollzog sich wohl etwas anders, als sie uns die Bibelexegeten berichten. Im Laufe der Jahrhunderte hat sich der Dekalog herausgebildet. Er war Allgemeinwissen, das erkennen wir aus dem Neuen Testament in den Reden und Predigten Jesu, der die Zehn Gebote als bekannt voraussetzte.

Jesus verbindet diese Gebote mit dem der Nächstenliebe. Auf die Frage eines Schriftgelehrten, welches das höchste Gebot sei, antwortet Er: »Das erste ist: Höre, Israel, der Herr, unser Gott, ist der einzige Herr. Darum sollst du den Herrn, deinen Gott, lieben mit ganzem Herzen und ganzer Seele, mit all deinen Gedanken und all deiner Kraft. Als Zweites kommt hinzu: Du sollst deinen Nächsten lieben wie dich selbst. Kein anderes Gebot ist größer als die beiden.« (Mk. 12, 29–31)

Mit diesen Worten, die das Zentrum seiner Lehre bilden, legt Jesus die eigentliche Grundlage für das rechte Zusammenleben der Menschen und für unsere christliche Kultur. Ohne diese christlich-jüdischen Gebote hätte sich Europa nicht so entwickelt, hätten sich nie die Ideale von Freiheit und Gerechtigkeit entwickeln können. Es gäbe keine Menschenrechte und keinen Rechtsstaat. Es gäbe auch keine Caritas. Aus dem Christentum wurde – bis heute – die größte Bewegung für Solidarität und Menschenrechte.

Die Zehn Gebote kommen mit wenigen Worten aus. Und sie sind einfach und verständlich – im Gegensatz zu manch anderem Regelwerk. Sie sind älter als alle anderen staatlichen Gesetze und sie gehen viel tiefer. Sie sind universal anwendbar, sie sind gültig für das Individuum, für den Einzelnen, sie schaffen aber auch einen Rahmen für die Verfasstheit eines Gemeinwesens. Sowohl der Mensch als auch der Staat, aber auch die Wirtschaft, sind gehalten, sich daran zu halten, sich nicht nur daran zu orientieren, sondern die Gebote auch einzuhalten. Sie sind unabhängig vom Glauben, sie sind vernünftig. Selbst ein Atheist wird sie einsehen. Und ihre Reihenfolge zieht den Bogen in der Rangfolge der wichtigsten Bezüge: von Gott zur Familie, zum Ehepartner, zu allen anderen Mitgliedern der Gemeinschaft.

Die Zehn Gebote sind zeitlos und immer aktuell. Sie setzen auch auf Freiwilligkeit. In den Geboten steht: »Du sollst …« und nicht: »Du musst …« Gott rechnet mit der Freiwilligkeit des Menschen und gibt ihm damit ein hohes Maß an Verantwortung. Wenn er im ersten Gebot sagt: »Ich bin dein Gott!«, dann bedeutet das nicht nur, dass die damaligen Juden eine klare Maßgabe hatten, denn sie lebten in einer multireligiösen Welt, in der zahlreiche Götter angebetet wurden. Sie kamen aus Ägypten, wo es doch für jeden Fall des Lebens einen Gott gab. Nein, Gott meint damit auch, und das ist relevant für unsere Zeit, dass niemand und nichts an Seine Stelle gesetzt werden darf, denn alles andere versklavt den Menschen. Selbst wenn man es negativ ausdrücken würde: Als Sklave des Geldes bin ich wirklich ein Sklave, aber selbst als Sklave Gottes bin ich ein wahrhaft ein freier Mensch. Menschen und das Materielle können andere Menschen versklaven, aber Gott wird das nie tun, denn er hat den Menschen frei erschaffen. Darum ist das erste Gebot auch ein Gebot für die Glaubensfreiheit. Keine Autorität kann von einem Menschen verlangen, gegen seinen Glauben, gegen sein Gewissen zu handeln. Es ist ein Gebot gegen den Totalitarismus.

Das zweite Gebot kann ebenso interpretiert werden. Überall dort, wo der Mensch an die Stelle Gottes gesetzt wird – oder sich selbst an Gottes Stelle setzt –, muss er scheitern. Das sollten jene bedenken, die sich aufgrund ihrer Positionen für gottgleich halten und entsprechendes Verhalten ihrer Umgebung fordern. Oder Wissenschaftler, die Gott zu spielen versuchen.

Wenn wir über das dritte Gebot nachdenken, so hat dieses einen ganz aktuellen Bezug. Es bedeutet nicht nur, dass der Gläubige am Sonntag den Gottesdienst besucht. Sondern dahinter steckt auch die Frage: Wie gehen wir mit unserer Zeit um? Nutzen wir sie gut? Nutzen wir sie nur zur Arbeit? Auch das Innehalten von der Arbeit ist wichtig, der Abstand vom Alltag. Zeit, die wir mit anderen Menschen verbringen können, mit der eigenen Familie, mit Freunden – Zeit, in der wir Gemeinschaft pflegen können. Wenn jemand am Sonntag arbeiten muss und dafür am Donnerstag freihat, der Rest der Familie aber nicht, dann merkt man recht schnell, was der gemeinsame Sonntag, der gemeinsame Ruhetag bedeutet.

Immer wieder wird über Sonntagsarbeit diskutiert. In Berlin können Ladenbesitzer seit einiger Zeit an zehn Sonntagen im Jahr ihr Geschäft öffnen. Beide Kirchen klagen dagegen, und ich hoffe, dass sie Erfolg haben werden. Natürlich gibt es Branchen und Berufe, die von jeher am Sonntag arbeiten müssen: Ärzte, Krankenschwestern, viele Dienstleistungsberufe. Aber Sonntagsarbeit muss eine Ausnahme bleiben! Man soll auch daran denken, dass man anderen Menschen die freie Zeit wegnimmt, wenn man die Aufhebung des Sonntags fordert. Wenn wir alle irgendwann einen freien Tag haben, dann wird dieser niemals den gleichen Charakter haben wie der gemeinsame freie Sonntag. Es ist etwas anderes, ob ich an meinem freien Tag noch einkaufen gehen und allen sonstigen Beschäftigungen nachgehen kann oder ob der freie Tag eine allgemeine Zeit des Stillhaltens ist. Der freie Sonntag ist und bleibt ein »Protest gegen die totale Ökonomisierung des Lebens«[7].

---

7 Abtprimas Notker Wolf und Matthias Drobinski: Regeln zum Leben. Die Zehn Gebote – Provokation und Orientierung für heute. Freiburg 2008

Der Rhythmus der Woche wird dem Rhythmus des Menschen gerecht. Während der Französischen Revolution wollte man die Zeitrechnung verändern auf einen vom Dezimalsystem gestützten Kalender. Die Monate wurden in Zeiträume von drei mal zehn Tagen eingeteilt, am Ende einer solchen Dekade gab es einen freien Tag. Der Kalender konnte sich nicht durchsetzen, die Menschen sträubten sich gegen die langen Arbeitszeiten. Schließlich musste Napoleon wieder den alten gregorianischen Kalender einführen, als das Projekt der »vernunftgeprägten« revolutionären Zeitrechnung gescheitert war. Der Mensch braucht seine Zeit zum Innehalten. Auch die Gesellschaft, die Gemeinschaft braucht sie.

Wenn der Staat die Ladenöffnungszeiten liberalisiert und die Sonntagsruhe aufhebt, dann rennt er der Wirtschaft hinterher und leistet der Ökonomisierung Vorschub. »Der Mensch lebt nicht vom Brot allein!« heißt auch, dass es immaterielle Dinge gibt, die wichtig sind. Kaiser Konstantin hat das erkannt und im Jahr 321 den freien Sonntag verfügt – um allen Menschen in seinem Reich, auch den Sklaven, den Besuch des Gottesdienstes zu ermöglichen.

Die ersten drei Gebote sind die sogenannten Gottesgebote. Sie regeln das Verhältnis Gottes zu den Menschen und umgekehrt. Der Mensch sieht ganz klar, wozu Gott ihn auffordert, was Gott von ihm will. In den drei abrahamitischen Religionen sind diese ersten Gebote von zentraler Bedeutung.

Natürlich weisen auch die anderen sieben Gebote auf den Willen Gottes hin, sie beschreiben das Verhältnis der Menschen untereinander. Sie geben sozusagen eine Gesellschaftsordnung vor und bestimmen die Ethik. Es ist interessant zu sehen, dass alle großen Religionen, nicht nur Christentum, Judentum und Islam, sondern auch die Buddhisten und die Hinduisten ähnliche, wenn nicht sogar gleiche Vorgaben an die Ethik machen.

Das vierte und das sechste Gebot betreffen den Menschen in seinen unmittelbaren sozialen Bindungen. Ehe und Familie sind damit in den Mittelpunkt der Gesellschaft gestellt. Aus dem Gebot »Du sollst Vater und Mutter ehren!« können wir mehr herauslesen als den einfachen Gehorsam der Kinder gegenüber den Eltern. Die familiären Beziehungen sind die engsten Beziehungen, die es unter Menschen überhaupt gibt, allen voran die enge Bindung von Eltern an ihre Kinder und umgekehrt. Noch vor gar nicht langer Zeit war die Familie auch bei uns nicht nur eine emotionale, sondern auch eine materielle Solidargemeinschaft. Da war die Aufforderung, Vater und Mutter zu ehren, auch eine Aufforderung dazu, sie im Alter nicht alleine zu lassen und für ihr Wohlergehen Sorge zu tragen. In diesem Sinne bedeutete das vierte Gebot auch die Altersversorgung und war damit ein ökonomisches Gebot.

Es regelt aber auch den Umgang miteinander in der Familie, nämlich dass man sich zwischen den Generationen mit Respekt begegnen soll. Die Eltern sollen so leben, dass ihre Kinder sie achten können. Und sie sollen auch ihren Kindern gegenüber Respekt zollen, indem sie sie annehmen, wie sie sind. Die Kinder wiederum tragen die Verantwortung auch umgekehrt. Die Senioren sind im Großen und Ganzen heute materiell gut ausgestattet. Aber wie viele leiden daran, dass sie alleine sind und ihre Kinder sie nicht mehr besuchen, sie wenig beachten. Die Armut ist mehr und mehr seelischer Natur. Wir müssen zu einem anderen Umgang mit den Alten kommen, dies wird für unsere Gesellschaft immer wichtiger. Alte Menschen dürfen nicht auf das Abstellgleis geschoben werden!

Sensationell für die Antike war wohl das sechste Gebot. Frauen galten damals nicht sehr viel, und leider ist das heute in manchen Regionen der Welt immer noch so. Eigentlich ist das sechste Gebot eine Aufforderung zur Gleichberechtigung der Frau. Es hat in mehrfacher Hinsicht eine Schutzfunktion für die Frauen. Sie galten damals nicht viel. Und angesichts der religiösen Vielfalt unter den Nachbarn der jüdischen Stämme, deren Harems und Tempeldirnen auch für den jüdischen Mann nicht unattraktiv waren, war nun dieses Gebot eine Rückbesinnung auf das eigene Volk. Auch im frühen Christentum hatte es eine stabilisierende Wirkung für die Gesellschaft. Im Gegensatz zu den Verhältnissen in Rom waren nun die Frauen nicht mehr Besitz des Mannes und konnten auch nicht mehr verkauft werden. Als Witwen und Kinderlose waren sie geachtet.

Wenn dieses Gebot für uns heute angesichts der gesellschaftlichen Realitäten auch archaisch und nicht besonders attraktiv klingen mag, so sollten wir uns aber ins Bewusstsein bringen, dass es auch einen uralten

Traum der Menschheit wiedergibt. Wenn man Jugendliche befragt, was für sie das Glück des Lebens ist, so antworten sie meist, dass sie ihr Glück in einer glücklichen Beziehung und einer Familie finden wollen. Dieses Ideal ist also immer noch aktuell. Aber es wird häufig suggeriert, auch durch die Seifenopern im Fernsehen, dass Trennung und Scheidung heutzutage normal seien. Immer höher werden die Ansprüche an den Partner geschraubt, der sie dann am Ende nicht mehr erfüllen kann. Es müsste umgekehrt sein: in Bezug auf die Beziehung die höchsten Ansprüche an sich selbst stellen und beim Partner Nachsicht üben. Aber heute scheitern mehr Menschen als je zuvor an der Herausforderung eines gemeinsamen Lebens. Den höchsten Preis zahlen dabei die Kinder. Selbst solche aus angeblich konfliktarmen Scheidungen leiden ihr Leben lang, das haben Langzeitstudien festgestellt. Auch die Gesellschaft zahlt einen hohen Preis: im Jahr 2006 bezogen 3 Prozent der Familien Sozialhilfe, aber 27 Prozent der Alleinerziehenden. Kinderarmut ist auch Scheidungsarmut.

Die Familie als wichtigste Institution in unserer Gesellschaft verdient mehr Beachtung und Respekt auch durch Staat und Wirtschaft. Nirgendwo anders werden Werte so gelebt wie in der Familie – und von diesen erlernten und gelebten Werten profitieren der Staat und die Wirtschaft. Also muss ich als Unternehmer auch darauf achten, familiengerechte Arbeitsplätze zu schaffen. Mütter kleiner Kinder brauchen flexible Arbeitszeiten. Familienväter kann man nicht durch zahllose Überstunden und Wochenendarbeit ihren Familien entziehen.

Der Staat hat die Aufgabe, den Familien ihre Autonomie zukommen zu lassen, die sie brauchen. Er muss sie unterstützen und ihnen dabei gleichzeitig ihre Selbständigkeit lassen. Keine einzige staatliche bzw. fremde Erziehungsleistung kann das bieten, was die Eltern bieten. Keine noch so qualifizierte und gut ausgestattete Kinderkrippe kann einem Kleinstkind die Sicherheit und das Gefühl des Geliebtseins geben wie eine Mutter. Die Funktion der Eltern kann am besten von ihnen selbst wahrgenommen werden, und dort, wo es schwierig ist, darf der Staat nur mit behutsamen und unterstützenden Maßnahmen den Eltern Hilfestellung geben. Wenn der Staat eine gesunde und freie Gesellschaft haben will, dann muss er vor allem die Familien stärken.

Das fünfte Gebot besagt, dass der Mensch nicht der Herr über Leben und Tod ist. Das Leben ist heilig und in allen Phasen und immer zu schützen. Das wichtigste Menschenrecht, das es gibt, ist das Recht auf Leben.

Mit dem Ende des Kalten Krieges haben wir zwar in Europa in eine relative Friedensphase hineingefunden, doch ist seither die Zahl der bewaffneten Auseinandersetzungen in der Welt gestiegen. Wir können froh sein, dass an der alten Nahtstelle in Europa, zwischen Deutschland und Frankreich, hoffentlich wohl nie mehr ein Krieg stattfinden wird, doch ist es auch nicht allzu lange her, dass die Kriege auf dem Balkan vom Schlachtfeld an den Konferenztisch verlegt wurden. Die Suche nach dem Frieden ist immer mühsam und voller schmerzhafter Kompromisse. Doch gerade die alten »Großmächte« machen weiter. Die Russen haben das kleine Tschetschenien mit zwei blutigen Kriegen überzogen und an den Rand der Vernichtung gebracht, die Amerikaner haben aus dem Irak einen Hort der ständigen Instabilität gemacht mit Zehntausenden von Todesopfern.

Augustinus und Thomas von Aquin haben mit ihrer Lehre vom gerechten Krieg vor allem eines gewollt: den Krieg zivilisieren und begrenzen. Ein Krieg sei dann gerecht, wenn der Gegner nicht vernichtet werden soll, sondern eine Rechtsordnung wiederhergestellt werden soll. Es ist eine heikle Frage. Als in den Jahren 1998 und 1999 die Serben einen blutigen Vertreibungskrieg gegen die kosovarisch-albanische Zivilbevölkerung im Kosovo führten, konnte kein dringender Appell, keine Verhandlung ihnen Einhalt gebieten. Das vermochten erst die Bomben der NATO. Dies war ein klarer Fall von Hilfeleistung in der Not, die wir unseren Freunden nicht verweigern durften.

Als die USA sich anschickten, in den Irak einzumarschieren, warf Papst Johannes Paul II. sein ganzes moralisches Gewicht in die Waagschale, um Präsident Bush und Premierminister Blair von diesem Schritt abzuhalten. Mit den Worten »Krieg ist immer eine Niederlage für die Menschheit« hat er die Lehre vom gerechten Krieg de facto abgeschafft. Die Ereignisse haben ihm recht gegeben. Krieg ist immer ein Übel und muss als solches bekämpft werden.

Es ist schon richtig, dass sich die Bundesrepublik schwertut, Soldaten in bewaffnete Kampfeinsätze zu schicken. Das Unbehagen am Einsatz in Afghanistan steigt. Auch sollten wir die Frage nach der moralischen Berechtigung von Waffenhandel stellen. Man kann nicht auf der einen Seite die Kriege als Übel geißeln und auf der anderen Seite gutes Geld damit verdienen wollen. Im Jahr 2007 sind weltweit schätzungsweise 1339 Milliarden Dollar für Rüstungszwecke ausgegeben worden. Russland erhöhte in den letzten zehn Jahren seine Rüstungsausgaben um 86 Prozent. Die USA gaben im letzten Jahr 547 Milliarden Dollar für militärische Zwecke aus. Und auch bei den internationalen Rüstungsexporten kann ein enormer Anstieg verzeichnet werden. Und dabei ist Deutschland nach den USA und Russland der drittgrößte Waffenexporteur mit einem Anteil von 10 Prozent.[8]

Das Leben in gleich welcher Form ist heilig. Auch wenn es stört oder unnütz erscheint. Auch wenn es angeblich Schaden in der Gesellschaft anrichtet. Der Staat hat nicht das Recht zu töten, auch nicht im Namen der Gerechtigkeit.

Wenn der Mensch zuallererst das Recht auf Leben hat, dann gilt das insbesondere für den Anfang und das Ende, wo das Leben schwach ist. Man geht viel zu leichtfertig mit diesen Fragen um. Viele Fortpflanzungsmediziner fordern die Erlaubnis der Präimplantationsdiagnostik; damit könnten nach einer künstlichen Befruchtung die Embryonen nach ihrer genetischen Beschaffenheit untersucht und die »schlechten« verworfen werden. Das heißt nichts anderes, als dass zwischen lebens- und lebensunwerten Leben selektiert

8 *FAZ*, 10. Juni 2008: »Fast 1340 Milliarden Dollar für Waffen«

wird. Laut wird über Sterbehilfe diskutiert, anstatt über die Alternative der Palliativmedizin nachzudenken.

Aber das fünfte Gebot meint auch die körperliche Unversehrtheit, und zwar die der anderen und die eigene. Mit meiner eigenen Gesundheit darf ich keinen Raubbau treiben, darf sie nicht leichtfertig aufs Spiel setzen durch waghalsige Aktionen. Bei manchen Sportarten gibt wohl erst der Kitzel der Gefahr für Leib und Leben den richtigen Kick. Man kann sich auch kaputt machen durch zu viel Arbeit, durch Überanstrengung, durch Stress und Druck. Ebenso, wie man sich das selbst nicht antun darf, darf man auch Mitarbeiter nicht über Gebühr belasten, weder seelisch noch körperlich.

Mit dem siebten Gebot ist eigentlich fast unsere gesamte Wirtschaftsordnung dargestellt. »Du sollst nicht stehlen!«: Es schützt das Eigentum und verpflichtet es sogleich. Mitunter wird argumentiert, dass die ersten Christen auch eine materielle Gemeinschaft darstellten. Jesus und die Apostel hatten keinen Besitz, teilten alles miteinander. Das bedeutet keinesfalls, dass behauptet werden kann, Jesus sei der erste Kommunist gewesen, der Privateigentum ablehnte! Ganz im Gegenteil: Wenn Er sagt, man solle alle Gebote achten, so meinte Er damit auch das siebte. Und viele seiner Gleichnisse handeln von Wirtschaftstreibenden. Was ist der Besitzer eines Weinbergs anderes als ein landwirtschaftlicher Unternehmer?

Das Streben des Menschen nach Besitz ist ihm ureigen und auch legitim. Ohne Eigentum kann man keine Familie versorgen, kann man nicht für den Lebensunterhalt derer sorgen, die einem anvertraut sind. Das Institut des Privateigentums ist konstituierend für eine freie Gesellschaft – F. A. Hayek ist bereits zitiert worden. Ohne Eigentum wird der Mensch abhängig und unfrei.

Im gleichen Maße, wie das siebte Gebot das Eigentum schützt, verpflichtet es das Eigentum aber auch. Die katholische Gesellschaftslehre hat dazu den Begriff der »Sozialpflichtigkeit des Eigentums« geprägt. Man soll Geld nicht einfach nur um seiner selbst willen anhäufen, sondern es nutzen, um etwas zu schaffen, um Werte zu schaffen, um Arbeit zu schaffen. Und um Gutes zu tun. Wenn einer auf einem riesigen Geldsack sitzt und neben ihm verhungert jemand, dann kann auch das Diebstahl sein. Man soll den anderen nicht seiner Lebensgrundlagen berauben.

Sozialpflichtigkeit des Eigentums meint auch Steuerehrlichkeit. Wie häufig brüsten sich doch die einen oder anderen, dass sie mal hier die Steuer hinterzogen haben und mal jenes Geschäft nicht angegeben haben. Auch das ist Diebstahl. Denn wenn ich meine Steuern nicht bezahle, nehme ich dem Staat die Möglichkeit, seinem sozialen Auftrag nachzukommen. Inwieweit der Staat bei seiner Steuerbemessung allerdings gerecht ist, ist eine andere Frage und soll an anderer Stelle behandelt werden.

Aber wenn der Staat die Freiheit und die Unabhängigkeit seiner Bürger achten will, dann muss er auch darauf achten, dass er sie nicht selbst in Abhängigkeiten setzt. Eine Sozialpolitik, die keine Hilfe zur Selbsthilfe ist, kann ebenso von Übel sein wie die gezielte

Ausbeutung von Menschen. Eine gerechte Sozialpolitik muss den Armen, den Chancenlosen in eine Lage versetzen, in der er wieder selbständig und eigenbestimmt sein Leben führen, es selbst in die Hand nehmen kann. Wenn eine Sozialpolitik ganze Generationen von Abhängigen erzeugt, dann kann auch das Diebstahl in doppeltem Sinne sein: Diebstahl an den Bedürftigen und Diebstahl an jenen, die das Geld dafür bereitstellen.

Mit dem siebten Gebot ist auch die Frage nach der gerechten Entlohnung verbunden. Als Unternehmer bin ich verpflichtet für eine Arbeit einen ordentlichen Lohn zu bezahlen – aber auch für meine Produkte oder Dienstleistungen keinen übermäßigen Preis zu verlangen.

Korruption und Bestechlichkeit fallen unter das siebte Gebot. Keiner soll Geld geben oder nehmen, damit etwas Ungesetzliches getan wird. Unser Land ist vom Export abhängig. In anderen Ländern dauert es noch lange, bis die gesetzlichen Grundlagen mit den unseren vergleichbar sind. Wenn beispielsweise Schutzgelder verlangt werden, wie soll man sich da verhalten? Ich bin verpflichtet, von meinen Mitarbeitern Schaden abzuwenden. Es gibt Situationen, in denen das Gewissen die letzte Entscheidung zu treffen hat. Es darf nichts Ungesetzliches getan werden, aber wir müssen auch Verständnis dafür haben, dass nicht alles eins zu eins von einem Land in das andere übertragbar ist.

Letztendlich ist das siebte Gebot auch eines der Anspruchslosigkeit, das uns frei machen kann von materiellen Begehrlichkeiten. Nicht umsonst ist Habsucht eine der sieben Todsünden. Wenn wir den Wunsch haben nach etwas Neuem, dann sollten wir uns auch fragen: Brauche ich das wirklich? Kaufsucht ist zwar im direkten Sinne kein Diebstahl, aber auch ein Verstoß gegen das Gebot. Immer mehr haben wollen als nötig kann belastend sein, und manch einer hat festgestellt, dass auch der Verzicht glücklich machen kann.

Wir sollen wahrhaft sein, fordert das achte Gebot. Wir sollen nicht schlecht über einen anderen reden. Wir sollen keine Lügen erzählen, sondern bei der Wahrheit bleiben. Wir sollen keine Meineide leisten. Im Volksmund gibt es zahlreiche Sprichwörter über Wahrheit und Lüge: »Der lügt, dass sich die Balken biegen.« – »Lügen haben kurze Beine.« – »Ehrlich währt am längsten.«

Nicht immer ist die Lüge verwerflich. Es gibt Lügen aus Höflichkeit: »Heute sehen Sie aber besonders gut aus!«, sagt man vielleicht einem Kranken, der mit bleichem Gesicht aus dem Spital kommt. Auch eine Grabrede kann ein klassischer Fall sein – wenn ein ausgemachter Unsympath zu Grabe getragen wird, der Frau und Kinder geschlagen und seine Geschäftspartner betrogen hat, dann wäre es trotzdem traurig, befremdlich und schockierend, wenn am Grab die Wahrheit gesagt würde. Also wird gelogen, und alle sind zufrieden. Man mag das Heuchelei nennen, aber: »Die Heuchelei ist die Verbeugung des Lasters vor der Tugend.«

Immer nur die Wahrheit zu sagen wäre auch schmerzhaft. Es gibt durchaus auch Lügen, die einfach notwendig sind, Notlügen nennt man sie. Ein Kind, das Angst hat vor einem prügelnden Vater, mag sie nutzen. In einer Verfolgungssituation in einem diktatorischen Staat kann der Scherge nicht die Wahrheit erwarten, hat sogar keinen Anspruch darauf. Alle totalitären Systeme wollten die absolute Wahrheit von ihren Untertanen wissen, zwangen sie aber damit in die Lüge.

Die Wahrhaftigkeit betrifft uns aber direkt in unseren persönlichen Beziehungen. Die systematische Lüge zerstört die Kommunikation untereinander – wer zweimal lügt, dem glaubt man nicht. Die Lüge ist der Tod einer jeden Beziehung, zum Partner, zur Familie, zu Freunden. Sie zerstört den Belogenen, indem sie ihn herabsetzt, der Wahrheit nicht würdig macht, und sie zerstört den Lügenden, denn am Ende glaubt er seine Lügen, die ihm zur Wahrheit werden. Sie entfremden ihn von der realen Welt.

Im Geschäftsleben, in der Wirtschaft ist das Thema schnell abgehakt. Meinen Geschäftspartner kann ich nur einmal übers Ohr hauen, ein zweites Mal wird er kein Geschäft mehr mit mir machen. Und wenn jemand seine Produkte unter Vorspiegelung falscher Tatsachen, falscher Eigenschaften auf den Markt bringt, dann wird er schnell Schiffbruch erleiden.

Etwas anderes als die Lüge ist die Täuschung. Soweit sie nicht hinterlistig, nicht arglistig ist, ist sie moralisch nicht verwerflich. Seid listig wie die Schlangen, fordert Jesus uns auf (Mt. 10, 16). Wenn im Krieg ein starker Gegner von einem schwächeren mit Hilfe einer Kriegslist, einer Täuschung besiegt wird, dann wird diese Strategie im Allgemeinen positiv bewertet. Die Literatur und die Geschichte sind voll mit listigen Helden: David, der Goliath besiegt, oder Odysseus.

Ein weites Feld, um über Lüge und Wahrheit zu reflektieren, ist die Politik. »Die lügen doch alle«, heißt es über Politiker. Und in der Tat, Wahlkämpfe sind die Zeiten der flexiblen Wahrheiten. Da werden Wirtschaftswunder angekündigt, Steuern gesenkt, Renten erhöht, Arbeitslosigkeit abgebaut und die Umwelt gerettet. Manches lässt sich auch gut ankündigen, im Wissen darum, dass man ohnehin einen Koalitionspartner haben wird, mit dem man es nicht durchsetzen kann. Die Lüge zerstört Vertrauen, wie in der zwischenmenschlichen Beziehung so auch in der Politik.

Das achte Gebot betrifft in besonderem Maße auch die Medien. Wie oft schon haben wir es erlebt, dass Menschen in ihrem sozialen Leben vernichtet wurden durch Medienkampagnen, die auf der Unwahrheit beruhten. Da kann eine Schlagzeile viel kaputt machen. Und halbe Wahrheiten sind manchmal schlimmer als ganze Lügen. Journalisten zählen auch zu den Menschen, die keinen Anspruch auf Perfektion haben, aber für sie gilt ganz besonders, was auch im Allgemeinen für jeden gilt: Nicht einfach alles nachplappern, was man hört, sondern die Informationen immer nachprüfen, bevor man sie weitergibt. Auch die eigenen Vorurteile gehören dazu. Das Sprichwort »Der lügt wie gedruckt!« kommt nicht von ungefähr. Jeder Mensch, auch der, über den berichtet wird, hat Anspruch auf Respekt, aber wie oft erleben wir wahre Hetzjagden der Medien, die mit einem aus dem Zusammenhang gerissenen oder falschen Zitat einen Menschen in die Enge treiben.

Mit dem Gebot zur Wahrhaftigkeit werden wir auch zur Berechenbarkeit aufgerufen. Wahrheit macht berechenbar. Ich kann mich auf jemanden, der die Wahrheit sagt, verlassen. Und manchmal ist auch eine schmerzhafte Wahrheit besser als eine beschönigende Lüge. Die Wahrheit macht frei, heißt es im Johannesevangelium.

Man möchte meinen, dass das neunte und zehnte Gebot bereits im sechsten und siebten behandelt wurden. Doch mit dem »Du sollst nicht begehren …« sind in der Tat unsere Begehrlichkeiten gemeint, unsere Emotionen des haben Wollens. Die Begierde ist dem Menschen mitgegeben. Sie hat ihn von der frühesten Zeit seiner Existenz dazu angehalten, mehr haben zu wollen. Die Begierde ist der Antriebsmotor für jedes wirtschaftliche Handeln des Menschen. Eine Marktwirtschaft ist ohne Begierde nicht denkbar. Es ist auch nicht illegitim, nach mehr zu streben.

Doch diese beiden letzten Gebote setzen die Begierde in das rechte Maß. Bevor aus einer Begierde die maßlose Gier wird, sollen wir uns selbst beschränken. Unbegrenzte Gier wird zerstörerisch und zur Sucht, die anderen schadet. Man muss auch einmal nein sagen können zu den eigenen Begierden. Wenn man satt ist, dann sollte man aufhören zu essen. Auch Neid kann uns das Leben schwermachen. Selbst Menschen, die alles haben, können neidisch sein und damit todunglücklich. Neid ist nicht umsonst eine der sieben Todsünden. Wenn wir Begehrlichkeiten ablegen, dann ist das allein ein großer Schlüssel zu einem zufriedenen Leben.

Auf den ersten Blick scheinen die Zehn Gebote den Menschen zu begrenzen und ihm die Freiheit zu nehmen. Zum Teil stimmt das – sie begrenzen den Menschen. Er kann sich nicht benehmen, wie er will und wie es ihm gerade einfällt. Gerade deswegen sind sie so realistisch. Sie rechnen mit der Unvollkommenheit der Menschen, mit ihren schlechten Trieben und ihrem Egoismus. Sie fordern Disziplin.

Die Zehn Gebote nehmen Position ein für die Schwachen und für die Gemeinschaft. Der Mensch ist nun mal ein soziales Wesen, aber er ist auch egoistisch. Diese Gebote begrenzen ihn insofern, als dass er seine Triebe in Schach halten muss, um sich in der Gemeinschaft einzubringen. Das Bewusstsein der eigenen Schwäche verhilft aber auch zur Stärke. Wenn ich mir klar darüber bin, wie fehlbar auch meine Entscheidungen sind, dann werde ich viele sorgfältiger überdenken.

Wir sollen uns bemühen, nach den Geboten zu leben und zu handeln. Das funktioniert nicht immer. Diejenigen, denen das komplett gelingt, werden beispielsweise von der katholischen Kirche als Selige und Heilige bezeichnet. Aber auch solche Menschen kennen dunkle Stunden und Zweifel. Auch ihnen gelingt es nicht immer, ihr Leben fröhlich an den Zehn Geboten auszurichten. Allein wenn wir die Aufzeichnungen von Mutter Teresa[9] lesen, dann sehen wir, dass ihr Leben geprägt war von einer fast verzweifelten Suche nach Gott. Und dabei ist sie eine der größten Heiligen des letzten Jahrhunderts.

Die Zehn Gebote – uralt, aber immer wieder neu. Voller Menschenkenntnis und auch voller Flexibilität.

---

9 Mutter Teresa: Komm, sei mein Licht. Pattloch, München 2007

Sie sind kein starres Regelwerk. »Du sollst nicht …« bedeutet auch, dass man mitunter abwägen muss. Es gibt zahlreiche ethische Konflikte: »Du sollst nicht stehlen!« – Aber was mache ich, wenn meine Kinder vor Hunger schreien und meine Familie fast erfriert. Kardinal Frings von Köln hat unmittelbar nach dem Krieg erklärt, dass der Kohlenklau nicht unbedingt Diebstahl sein muss – das ist dann als »fringsen« in die Geschichte eingegangen. Es gibt Notwehrsituationen, in denen Schutzbefohlene nur gerettet werden können durch das Töten eines anderen.

Im Strafrecht kennen wir den Tatbestand der Notwehr und der Nothilfe – für Situationen, in denen es auf Abwägung ankommt, in denen es gilt, noch Schlimmeres zu verhindern, und in denen Tatbestände anders zu bewerten sind. Was ist aber das Richtige, wenn Terroristen ein vollbesetztes Flugzeug gekapert haben und es über einem Kraftwerk oder einem vollen Sportstadion zum Absturz bringen wollen? Darf das Flugzeug abgeschossen werden mit der Folge, dass 150 Menschen sterben, um Tausende zu retten? Ich glaube, auf eine solche Frage können wir nur schwer eine richtige Antwort finden. Aber es ist wichtig, dass wir uns damit auseinandersetzen.

Mitunter wird heute versucht, in ethischen Grundsätzen modern und besonders originell zu sein. Aber warum sollte das Gute heute etwas völlig anderes sein als früher? Womit die Menschheit Tausende von Jahren gut gelebt hat, müssen wir heute nicht über Bord werfen und etwas Neues erfinden. Die Zehn Gebote sind und bleiben aktuell.

Die vier Kardinaltugenden

Bei der Frage nach dem richtigen Handeln ist nicht nur relevant, was wir tun sollen, sondern auch wie wir es tun sollen. Es gibt die drei klassischen göttlichen Tugenden Glaube, Hoffnung und Liebe. Und es gibt die sogenannten sittlichen Tugenden, die vier »Kardinaltugenden«, die auch die Eigenschaften des guten Miteinanderauskommens sind: Klugheit, Gerechtigkeit, Tapferkeit und Mäßigung. Diese Tugenden finden sich schon bei den alten Griechen. Zuerst sollen sie von Sokrates formuliert worden sein und sind über seinen Schüler Platon zu Aristoteles gekommen, der über sie geschrieben hat. Platon hat übrigens einen klugen Satz formuliert: »Ein Staatswesen, das nicht auf Gott ausgerichtet ist, ist auf Dauer nicht existenzfähig.« Die Geschichte hat dies entsprechend bewiesen.

Die vier Kardinaltugenden sind zentrale Erbschaften unserer Kultur. Wir finden sie vielfach allegorisch dargestellt auf vielen Kunstdenkmälern bei uns. Es macht besonders Freude, kleinen Kindern anhand dieser Figuren diese Tugenden zu erklären.

Die *Prudentia*, als die Klugheit, die Gabe der Unterscheidung des Guten vom Bösen und das Handeln danach, sehen wir als Figur mit einem Spiegel, einer Schlange, einer Fackel oder einen Kopf mit mehreren Gesichtern. Die *Justitia*, die Gerechtigkeit, kennen wir gut: An jedem Gericht finden wir eine weibliche Gestalt mit verbundenen Augen und einer Waage in der Hand. Die *Fortitudo*, die Tapferkeit, die auch das Aushalten von

Leid oder die Bereitschaft, für höhere Werte Gefahren auf sich zu nehmen, symbolisiert eine Säule im Arm oder ein Schwert oder eine Siegesfahne. Und die *Temperantia,* die Mäßigung, die auch die Fähigkeit zur Selbstbeschränkung ist, trägt zahlreiche allegorische Symbole: die Brille, eine Sanduhr, einen Zügel im Mund oder einen Totenkopf als memento mori.

Der Begriff »Kardinaltugenden« wurde zuerst von Ambrosius, dem Bischof von Mailand († 397), geprägt. Das lateinische Wort *cardo* meint eigentlich die Türangel, und der Begriff soll wohl andeuten, dass sich um diese Tugenden alles dreht bzw. man alle anderen Tugenden auf sie zurückführen kann. Man kann sie also auch Haupt- oder Grundtugenden nennen. Die vier Kardinaltugenden haben über die Jahrtausende immer wieder Philosophen und Theologen beschäftigt, bis in unsere Tage. Das Hauptwerk eines der größten Philosophen des letzten Jahrhunderts, Josef Pieper, setzt die Kardinaltugenden als die wichtigsten Seinsgrundlagen des Menschen an.

Die Kardinaltugenden entsprechen den vier Grundkräften des Menschen: Die beiden geistigen Grundkräfte des Menschen sind Verstand und Wille. Diese benötigen die Klugheit bzw. die Gerechtigkeit, um den richtigen Weg zum Ziel zu erkennen. Mehr zur emotionalen Natur des Menschen gehören der Zorn und das Begehren, die durch die Tapferkeit bzw. die Mäßigkeit im Zaum gehalten werden. Die vier Tugenden sind eng aufeinander bezogen, sie bilden ein Vierergespann, das den notwendigen Augleich nur hat, wenn alle vier gleichermaßen beteiligt sind.

Klugheit ist das, was der Wirklichkeit gemäß ist.

JOSEF PIEPER

Die Haupttugend ist aber die *Klugheit.* Sie bedeutet vor allem, das rechte Wissen zu haben. Sie bedeutet auch Verantwortungsbewusstsein, Sinn für die konkreten Gegebenheiten, das Wissen über das Verhältnis der Dinge untereinander und zum Ganzen. Sie ist die Fähigkeit, das eigene Leben zu meistern, sie meint Lebenseinsicht und Reife, sie fällt in verschiedenen Situationen ein sicheres Urteil, gibt einen guten Rat und trifft realistische Entscheidungen. Sie ist nicht ideologisch und nicht dogmatisch und sie meint auch nicht angelerntes Wissen. Es geht vielmehr um die Lebensklugheit, um die Einsicht, wie die Dinge und vor allem die Menschen sind. Die Klugheit will vor allem verstehen, um anschließend etwas beurteilen und entsprechend umsetzen zu können. Die Klugheit übt eine Vermittlerrolle zwischen den Verstandes- und den Willenstugenden aus. Und wir sehen, wie sehr sie bezogen ist auf die anderen Tugenden: Wir können den anderen erst verstehen, wenn wir gerecht sind, wir ihm gerecht werden. Wir müssen auch Mut haben, um den Dingen, so wie sie sind, ins Auge zu schauen. Und wir brauchen das rechte Maß – um angemessene Maßnahmen zur Umsetzung zu finden.

Man nennt die Klugheit auch die »auriga virtutum«, die Wagenlenkerin der anderen Tugenden. Sie meint Urteilsvermögen und Entscheidungskompetenz. Wenn jemand einen Sinn für die Realität entwickelt, dann ist er klug. Wenn jemand nur seine Weltsicht auf das Leben überträgt, dann kann er manchmal ganz schön naiv, im schlimmsten Falle lächerlich ausschauen. Auch die Darstellung der Klugheit mit dem Spiegel zeigt uns: Der Kluge durchleuchtet eine Sache und er lässt sich nichts vormachen, er schaut der Wahrheit ins Gesicht, dann erst geschieht etwas. Oder kurz gesagt: Erst denken, dann handeln. Erst das Handeln vollendet die Klugheit, das Wissen und ihre Erkenntnis reichen nicht aus.

Gerecht sein heißt,
den andern als anderen gelten lassen.

JOSEF PIEPER

Die zweite der Tugenden ist die *Gerechtigkeit,* dic wesentlich mehr beinhaltet als den Buchstaben des Gesetzes. Es gibt zahlreiche Fälle, in denen großes Unrecht geschieht, auch wenn gegen kein Gesetz verstoßen wird. Man sagt jemandem, er sei naiv, wenn er vor das Gericht zieht und glaubt, ihm widerfahre dort Gerechtigkeit. Bei Gericht bekommt man ein Urteil, aber kein Recht. Unsere Mediengesellschaft ist ungerecht. Mir selbst ist das mehr als einmal widerfahren. Beispielsweise hat man eine Äußerung von mir über den Zusammenhang zwischen Überalterung der Gesellschaft und den explodierenden Gesundheitskosten als Befürwortung der Euthanasie interpretiert. Und das Kesseltreiben fing an. Man hat mir da gezielt unrecht getan, mit dem Ziel, mich mundtot zu machen. Und so ergeht es vielen anderen auch.

Menschen gerecht zu behandeln heißt damit nicht

automatisch, jeden gleich zu behandeln. Es soll jeder das haben, was ihm zusteht. Nach der christlich-jüdischen Überlieferung ist dies zunächst vor allem das Recht des Menschen auf Leben und auf die Anerkennung seiner Würde als Gottes Ebenbild. Die Menschenwürde und auch die Menschenrechte wurzeln in der Gerechtigkeit. Die Gleichheit in Würde meint aber nicht Gleichmacherei. Gerade in der Achtung des Menschen in seiner Verschiedenheit erschließt sich auch, dass man nicht jeden gleich behandeln kann. Die Mehrheit würde das als ungerecht ansehen.

Ein heikler Begriff ist »soziale Gerechtigkeit« – er wird heute gern bemüht. Kann es überhaupt soziale Gerechtigkeit geben? F. A. Hayek sagt, soziale Gerechtigkeit sei als Begriff so unsinnig wie ein moralischer Stein, da er als moralische Kategorie nicht auf unpersönliche Prozesse wie das Marktsystem anwendbar sei. Vielleicht verwechseln wir in der Tat etwas, wenn wir mehr soziale Gerechtigkeit fordern. Gerechtigkeit allein kann grausam sein. Will der Staat gerecht sein, dann wäre er nicht mehr sozial. Wäre er nur sozial, dann wäre er nicht mehr gerecht.

Gerechtigkeit braucht vielmehr die Barmherzigkeit, beides muss zueinander bezogen sein. Thomas von Aquin hat das wunderbar formuliert: »Weil Gerechtigkeit ohne Barmherzigkeit Grausamkeit und Barmherzigkeit ohne Gerechtigkeit die Mutter allen Chaos ist, deshalb müssen beide miteinander verbunden werden.«

Thomas von Aquin lehrt uns noch mehr: Gerechtigkeit heißt nicht nur, das Seine einzufordern, sondern auch, dem Wohl des Ganzen gerecht zu werden. Zu den Rechten gehören auch Pflichten, zum Anspruch die Schuldigkeit und zur Freiheit die Verantwortung. Insofern schafft die Gerechtigkeit auch einen Ausgleich zwischen Individualismus und Kollektivismus.

Auch der Staat ist zur Gerechtigkeit berufen. Augustinus hat den treffenden Satz geprägt: »Ein Staat ohne Gerechtigkeit ist nicht mehr als eine gut organisierte Räuberbande.« An anderer Stelle werde ich auf die Aktualität dieses Themas eingehen. Die Gerechtigkeit braucht Macht, denn ohne sie ist sie ohnmächtig, aber auch die Macht braucht Gerechtigkeit, denn sonst wird sie zur Tyrannei.

Die Gerechtigkeit ist ohne die drei anderen Tugenden nicht denkbar: Ohne die Tapferkeit wäre das eigene und das fremde Recht nicht durchzusetzen, ohne die Klugheit, ohne das Einsehen kann keine Zuordnung der Rechte geschehen, und ohne das rechte Maß kann das eigene Recht überschätzt werden.

Der Kampf gegen die Macht des Bösen –
durch Standhalten wie durch Angriff –
ist das Amt der Tapferkeit

JOSEF PIEPER

Im allgemeinen Sprachgebrauch gilt die *Tapferkeit* wohl hauptsächlich als soldatische Tugend. »Ausgezeichnet wegen besonderer Tapferkeit« war mancher unserer Großväter, der noch im Ersten oder Zweiten Weltkrieg kämpfte. Oder die Tapferkeit zeichnet manchen Kaufmann aus als Mut zum Risiko.

Aber Tapferkeit meint auch, dass man sich nicht entmutigen lässt, dass man wieder aufsteht, wenn man am Boden liegt. Niederlagen gibt es immer, aber man braucht Mut, um weiterzumachen. Tapferkeit meint das Aushalten von Leid, den Widerstand gegen die Traurigkeit, das Aushalten der Angst vor dem Tode, die Bereitschaft, das Leben zu geben, die Bereitschaft, für höhere Werte Gefahren und Opfer auf sich zu nehmen. Sie ist der Mut, der die Angst kennt, sie aber überwindet.

Bevor es jemand missversteht – es geht nicht um die Lust am Leiden. Die Tapferkeit ist die Tugend der Märtyrer. Thomas Morus, der ehemalige Lordkanzler von Heinrich VIII., der von diesem wegen seinem Widerstand gegen die Gründung der anglikanischen Kirche hingerichtet wurde, hatte stets betont, dass wir Gott gegenüber verpflichtet sind, all unsere Geschicklichkeit einzusetzen, dem Märtyrertum zu entgehen – aber wenn es nicht mehr anders geht, dann soll man ihm aufrecht und tapfer entgegengehen.

Gesundheit, Glück und Erfolg sind Güter, die nicht leichtfertig weggeworfen werden dürfen. Aber sie dürfen aufs Spiel gesetzt werden, wenn es darum geht, höhere Güter zu bewahren.

Die Macht des Bösen hat auch für einen Unternehmer viele Gesichter. Manchmal ist es das Ausbleiben eines dringend erwarteten und benötigten Erfolgs, bisweilen sind es auch unlautere Mittel der Wettbewerber oder der Kunden. Schließlich kann sich das Böse in jeglichen anderen unerwarteten Rückschlägen darstellen, die auch von ungerechtfertigten Angriffen herrühren können. Das gilt für den Unternehmensablauf wie für das private Leben.

Heute werden wir nicht mehr vom Scheiterhaufen bedroht, wenn wir eine andere Meinung haben. Es wird niemand mehr den Löwen zum Fraß vorgeworfen, wenn er gegen den Zeitgeist steht. Die Prozesse laufen heute subtiler. Es ist nicht einfach, der Außenseiter zu sein, der angefeindet wird. Wer von den Medien heute geschlachtet wird, der braucht auch ein ordentliches Maß an Tapferkeit, um so etwas durchzustehen. Und bei uns ist es noch gar nicht so lange her, dass auf die freie Meinung tatsächlich noch Gefängnis folgte. Im Dritten Reich hat sich so mancher zurückgezogen, ebenso wie in der DDR. Man darf es auch niemanden zum Vorwurf machen, wenn er nicht gegen alles protestiert hat. Niemand ist zum Helden geboren. In dem Moment, in dem man Verantwortung trug, für die Familie, für Mitarbeiter, war es etwas ganz anderes. Ein Familienvater mit drei Kindern wird sich eher in eine innere Emigration zurückziehen, als gegen das Regime aufzustehen.

Auch der tapfere Kardinal Clemens von Galen hat es sich sorgfältig überlegen müssen, ob er die Predigten gegen die Euthanasieprogramme der Nazis tatsächlich hält. Das Regime war aufmerksam auf ihn geworden, und man packte ihn dort, wo er am empfindlichsten war – bei seinen Mitarbeitern, seinen Priestern, für die er verantwortlich war. Er hat die bis heute eindrucksvollen Predigten schließlich gehalten – mit dem Erfolg, dass die Nationalsozialisten ihre Euthanasieprogramme an den Behinderten stoppen mussten, aber auch mit der Folge verstärkter Repressalien bis hin zur Inhaftierung einiger seiner Mitarbeiter.

Ich kann mich selbst opfern wollen, aber es ist eine der schwierigsten Entscheidungen, wenn man weiß, dass andere für mein Heldentum anschließend die Verantwortung tragen müssen.

Die Tapferkeit beruht auf der Klugheit und der Gerechtigkeit, sie verteidigt das Gute. Und vor allem besagt sie nicht das Fehlen, sondern die Überwältigung von Furcht.

Die Angst oder die Furcht sind doch gute, angeborene und sinnvolle Instinkte. Jemand, der keine Angst hat, der reagiert nicht normal. Aber allein im Überwinden der Angst wachsen wir über uns hinaus. Wenn wir innerlich gefestigt sind, dann sind wir stark. Und tapfer.

Zucht heißt: in sich selber Ordnung verwirklichen.

JOSEF PIEPER

Die vierte Tugend ist das *Maßhalten.* Natürlich lebt unsere Wirtschaft vom Wettbewerb, sie lebt davon, dass wir mehr haben wollen. Das ist auch ganz richtig, und es ist nichts dagegen zu sagen. Aber trotzdem sollte jeder für sich selbst überprüfen, ob denn alles unbedingt nötig ist oder ob man die Erfüllung bestimmter Wünsche nur aus Prestigegründen versucht anzustreben. Und es ist sehr befreiend, sich manchmal mit einfachen Dingen zurechtzufinden und auf Sachen zu verzichten, die mehr Schein als Sein sind. Wir können viel bescheidener sein und auf viele Statussymbole verzichten, das macht auch unabhängig. Man braucht nicht die dickste Limousine mit abgedunkelten Scheiben.

Das Maß, die temperantia, ist die langsamste Tugend in dem Vierergespann. Sie fordert die anderen, sich nicht zu behindern und gut zusammenzuwirken, im rechten Moment die Kraft einzusetzen. Maß halten, das ist es.

Starker oder schwacher Staat?

Wenn wir über unser Gemeinwesen sprechen und über die Frage, wie es zukunftsfähig gestaltet werden kann, kommen wir nicht umhin, auch über die konstituierenden Werte zu diskutieren. Auf welchen Grundlagen basiert unser Staat? Wohin führt es, wenn diese Werte nicht mehr eingehalten werden? Viele der heutigen negativen Entwicklungen kamen ja doch nicht aus bösem Willen zustande, im Gegenteil, sie resultieren aus einem Zuviel an »gut gemeint«.

Wovon lebt die Demokratie?

Von Verfassungsrichter Ernst Böckenförde stammt eine passende und vielzitierte Feststellung: »Der freiheitliche, säkularisierte Staat lebt von Voraussetzungen, die er selbst nicht garantieren kann. Das ist das große Wagnis, das er, um der Freiheit willen, eingegangen ist. Als freiheitlicher Staat kann er einerseits nur bestehen, wenn sich die Freiheit, die er seinen Bürgern gewährt, von innen her, aus der moralischen Substanz des Einzelnen und der Homogenität der Gesellschaft, reguliert. Anderseits kann er diese inneren Regulierungskräfte nicht von sich aus, das heißt mit den Mitteln des Rechtszwanges und autoritativen Gebots, zu garantieren versuchen, ohne seine Freiheitlichkeit aufzugeben und – auf säkularisierter Ebene – in jenen Totalitätsanspruch zurückzufallen, aus dem er in den konfessionellen Bürgerkriegen herausgeführt hat.«[10]

Das heißt nichts anderes, als dass der freiheitliche, demokratische Rechtsstaat zwar weltanschaulich neutral ist, aber nicht wertneutral. Um der Freiheit seiner Bürger willen hat er sich nicht in die persönlichen Gesinnungen einzumischen und diese auch nicht zu lenken, aber er fußt auf bestimmten Werten – die die Freiheit seiner Bürger wiederum garantieren. Diese Werte sind aber nicht von oben diktierbar, sondern müssen von selbst von den Bürgern gelebt werden. Der Staat ist auf die Erziehung der Bürger zu diesen Werten angewiesen, aber auch auf die Erkenntnis, dass es bestimmte Dinge gibt, die sich den demokratischen Grundsätzen, d.h. Abstimmungen und Mehrheitsentscheidungen, entziehen. Wenn die Demokratie das, wovon sie sich legitimiert, selbst auf Abstimmungen begründet, dann beseitigt sie damit ihre Legitimationsbasis.

Mit der Formulierung des ersten Artikels unseres Grundgesetzes »Die Würde des Menschen ist unantastbar« haben dessen Verfasser nach den verhängnisvollen Entwicklungen in der ersten Hälfte des 20. Jahrhunderts und den totalitären Erfahrungen das ursprünglichste Wesensrecht des Menschen an sich anerkannt. Es bedeutet, dass der Mensch aus seiner ihm eigenen

10 Ernst Böckenförde: Staat, Gesellschaft, Freiheit. 1976, S. 60

Natur heraus Träger bestimmter und unveräußerlicher Rechte ist, die von nichts und niemandem eingeschränkt werden können.

Dieses sogenannte Naturrecht ist ein Recht, das immer ist und durch nichts veränderbar ist, es ist einfach gegeben und steht über dem vom Menschen selbst gesetzten Recht. Das Naturrecht findet seinen Niederschlag in jeder Menschenrechtserklärung. Schon bei der Gründung der Vereinigten Staaten finden wir es in der Verfassung formuliert, ebenfalls in der Erklärung der Menschenrechte während der Französischen Revolution. Zwar will das nicht heißen, dass diese Menschenrechte auch gleich und konsequent durchgesetzt wurden, immerhin waren einige Gründerväter der USA selbst fleißige Sklavenhalter. Und in Frankreich galten die allgemeinen Menschenrechte zwar für alle – aber nicht für Frauen und für Minderheiten wie Juden, Protestanten und Schauspieler.

Nun, glücklicherweise sind diese Zeiten vorbei. Dennoch aber müssen wir immer wieder über die Bedeutung des Naturrechts nachdenken und ihm Geltung verschaffen. Es gibt immer wieder Kritiker, die behaupten, solche objektiven Rechte könne es gar nicht geben, nur das subjektive, vom Menschen geschaffene Recht sei gültig und legitim. Mit einem solchen Rechtspositivismus arbeiten die totalitären Regime gleich welcher Couleur.

Die Gegebenheit des Naturrechts heißt aber nicht, dass der Mensch kein eigenes Recht schaffen darf – wir brauchen Gesetze und Regelungen –, aber das vom Menschen geschaffene Recht darf nicht in das bestehende Naturrecht eingreifen. Der Staat muss vor allem anerkennen, dass der Mensch älter ist als der Staat – und damit auch die älteren Rechte besitzt.

Wir haben gesehen, dass die Zehn Gebote parallel zum Naturrecht laufen, sie sind auch ein Ausdruck dessen. Für den gläubigen Menschen bedeutet das Naturrecht auch einen Verweis auf die Schaffung durch Gott und die Ebenbildlichkeit.

Natürlich kann der Staat gewisse Werte nicht garantieren und nicht erzwingen, er kann aber durch eine entsprechende staatliche Ordnung diese Werte fördern.

Die katholische Soziallehre kennt drei Grundprinzipien, die bei der Gestaltung von Staat und Gesellschaft eine wichtige Rolle spielen sollen: das Solidaritätsprinzip, das Subsidiaritätsprinzip und das Gemeinwohl.

Das Solidaritätsprinzip setzt bei der Personalität und dem sozialen Charakter des Menschen an und besagt »wechselseitiges Verbundensein und Verpflichtetsein«[11]. Damit ist auch gemeint, dass wir in unserem Handeln Verantwortung tragen für den Nächsten und auch für die ganze Gemeinschaft. Unser Sozialstaat fußt auf dem Prinzip der Solidarität.

Das Subsidiaritätsprinzip ist ein Prinzip gegen die Zentralisierung und für den Respekt vor den kleinen und kleinsten Lebenskreisen des Menschen. Schon im Alten Testament rät Jitro seinem Schwiegersohn Moses: »Allein kannst du es nicht bewältigen … Du aber sieh dich im ganzen Volk nach tüchtigen, gottesfürchtigen und zuverlässigen Männern um, die Bestechung

11 Joseph Kardinal Höffner: Christliche Gesellschaftslehre, Kevelaer 1997

ablehnen. Gib dem Volk Vorsteher für je tausend, hundert, fünfzig und zehn. Sie sollen dem Volk jederzeit als Richter zur Verfügung stehen.« (Ex. 18, 18–22) Papst Pius XII. formuliert das Subsidiaritätsprinzip in der Enzyklika »Quadragesimo Anno« folgendermaßen: »Wenn es nämlich auch zutrifft, was ja die Geschichte deutlich bestätigt, dass unter den veränderten Verhältnissen manche Aufgaben, die früher leicht von kleineren Gemeinwesen geleistet wurden, nur mehr von großen bewältigt werden können, so muss doch allzeit unverrückbar jener höchst gewichtige sozialphilosophische Grundsatz festgehalten werden, an dem nicht zu rütteln noch zu deuteln ist: Wie dasjenige, was der Einzelmensch aus eigener Initiative und mit seinen eigenen Kräften leisten kann, ihm nicht entzogen und der Gesellschaftstätigkeit zugewiesen werden darf, so verstößt es gegen die Gerechtigkeit, das, was die kleineren und untergeordneten Gemeinwesen leisten und zum guten Ende führen können, für die weitere und übergeordnete Gemeinschaft in Anspruch zu nehmen; zugleich ist es überaus nachteilig und verwirrt die ganze Gesellschaftsordnung. Jedwede Gesellschaftstätigkeit ist ja ihrem Wesen und Begriff nach subsidiär; sie soll die Glieder des Sozialkörpers unterstützen, darf sie aber niemals zerschlagen oder aufsaugen.«

Aus der Tatsache, dass die Gesellschaft nicht einfach nur eine Summe von Individuen ist, erschließt sich das Gemeinwohl. Nach Augustinus gleicht die Gesellschaft einem Ölbaum, dessen Blätter und Früchte fallen und neu hervorwachsen, dessen Stamm und Krone aber bleiben. Die Gesellschaft überdauert das Kommen und

Gehen des Einzelnen, wir sind alle Glieder einer Kette, ausgestattet mit unserer eigenen Personwürde, aber eingebettet in die Gemeinschaft. So wie es gilt, dass eine Gesellschaft ihre Glieder nicht ausbeuten darf, sondern für sie Sorge tragen muss, so müssen ihre Mitglieder auch bereit sein, ihre Interessen dem allgemeinen Wohl unterzuordnen.

Im Dreieck dieser drei Prinzipien soll also die Gestaltung unseres Gemeinwesens erfolgen. Sie sind aufeinander bezogen und wahren das Gleichgewicht zwischen den Interessen des Individuums und seiner unmittelbaren Lebenskreise sowie das Interesse der größeren Gemeinschaft, ohne deren Wohlergehen auch kein individuelles Wohlergehen möglich ist.

Das Ganze ist mehr als die Summe seiner Teile

Es ist bereits angesprochen worden: Das Gemeinwohl in unserer Gesellschaft tritt immer stärker zurück zugunsten der Einzelinteressen. Fast jedes Gesetzesvorhaben dient nur noch dazu, bestimmte Gruppen und Lobbys zu bedienen. Und das Gemeinwohl ist halt eben etwas völlig anderes als die Summe gleichartiger Individualwohlfahrten. Wir erleben das bereits in einer Familie, die schon aus mindestens zwei oder drei Generationen besteht. Da mag jedes Familienmitglied ein eigenes Interesse haben, das an sich wohlbegründet ist – der Vater will am Abend in Ruhe Nachrichten schauen, die Mutter will sich mit ihren Freundinnen treffen, die

Kinder wollen am Wochenende zum Sport. Wenn aber jeder immer sein eigenes Interesse durchsetzt, wird am Ende die Familie nicht mehr existieren. Zugunsten des Gemeinwohls wird man immer wieder einmal Verzicht leisten müssen.

Auf einem höheren Niveau spielt sich das auch in Staat und Gesellschaft ab. Angesichts der Illusion, alles sei machbar, wird vom Staat gefordert, jedes Interesse einer noch so kleinen Gruppe zu bedienen. Das Ergebnis ist eine überbordende Regelungswut und eine Bürokratie, die um sich greift. Und das ist noch nicht einmal die schlimmste Folge. Viel ärger ist es, dass eine solche Entwicklung das Funktionieren des Staates, unserer Gemeinschaft, in Frage stellt. Denn jedes erfüllte Einzelinteresse birgt auch Nachteile für eine andere Gruppe. Die fordert wiederum eine Verbesserung, eine Änderung, eine Ausnahmeregelung, und am Ende blickt niemand mehr durch.

Der Staat überfordert sich selbst. Doch wo sind die Politiker, die das erkennen und auch aussprechen? Der Grund für dieses Dilemma ist darin zu suchen, dass sich in den letzten Jahren ein gefährlicher Paradigmenwechsel in der Politik eingebürgert hat. Es herrscht die Illusion, dass der Staat eine Beglückungsanstalt für seine Bürgerinnen und Bürger ist.

Der Paradigmenwechsel der staatlichen Aufgaben hat sich unter den verschiedenen Einflüssen, nicht zuletzt unter denen der 68er, verschoben von der Gerechtigkeit hin zur Gleichheit. An anderer Stelle habe ich über die Gerechtigkeit geschrieben. Der Staat ist ursprünglich dazu berufen, seinen Bürgern weitestgehend Gerechtigkeit (und Barmherzigkeit) widerfahren zu lassen. Heute aber besteht vor allem die Forderung nach Gleichheit. Der Staat soll seinen Bürgern absolute Gleichheit garantieren. Allerdings ist dies ein gefährlicher Ansatz. Man vergisst dabei nur zu schnell, dass sich absolute Gleichheit nur unter Zwang verwirklichen lässt. Wenn alle gleich sein sollen, dann wird die wahre Natur des Menschen in seinem Individualismus und in seiner Verschiedenartigkeit verkannt. Wenn wir vom Staat die Gleichstellung aller fordern, dann ist dies eine absolute Fehleinschätzung dessen, was ein demokratischer Staat zu leisten vermag.

Der Traum von der Gleichheit entspringt aber einem ganz menschlichen Wesenszug. Unterschiede sind immer beunruhigend für uns. Mit jedem Unterschied werden wir selbst auf uns zurückgeführt und können uns selbst in Frage stellen. Warum ist der andere reich und ich arm? Warum dick oder dünn, warum hübsch oder hässlich? Warum freundlich oder unfreundlich? Unterschiede muss man auch ertragen können.

Ein ähnlicher Phantombegriff ist der Begriff der »sozialen Gerechtigkeit«. Mit diesem Kampfruf soll die Gleichheit durchgesetzt werden. Doch es wird zu oft vergessen, dass das Begriffspaar sozial und gerecht nicht zusammenpasst. Entweder ist etwas sozial, dann kann es nicht gerecht sein und umgekehrt. Gebe ich einem schwachen Menschen Hilfe und Unterstützung, die er braucht, dann bin ich sozial – dann wird aber ein anderer kommen, der es nicht braucht, und aber sagen, du bist ungerecht, ich will das auch haben. Und wenn ich zu dem Schwachen sage, ich kann dir nicht helfen, denn ich muss gerecht zu allen sein, dann bin ich unsozial.

Der Staat soll zuständig sein für die vollkommene Durchsetzung der sozialen Gerechtigkeit. Alle sollen gleich sein – aber das ist eine Illusion! Wir werden nie das Paradies auf Erden haben. Und wir sollten aufhören, dies vom Staat zu erwarten, uns das Paradies zu schaffen, das kann er nämlich nicht. Am Ende aller seiner Versuche steht nämlich die größte Ungerechtigkeit, indem der Staat versucht, die Gleichheit per Gesetz durchzudrücken. Es ist ein Fehler zu glauben, man könne Gleichheit *durch das Gesetz* schaffen. Man kann höchstens Gleichheit *vor dem Gesetz* schaffen.

Das eigentliche Ziel des Staates ist die Freiheit seiner Bürger. Dabei meint Freiheit vor allem die Achtung vor dem Menschen in seiner Verschiedenheit. Jeder soll die Freiheit haben, sich selbst mit seinen Interessen und mit seinen Talenten zu verwirklichen und damit über sich selbst hinauszuwachsen – im Rahmen des Respekts vor der Freiheit des anderen. Natürlich brauchen wir ein Regelwerk, um das friedliche Zusammenleben aller zu gewährleisten – dazu sind die Gesetze da. Aber die Aufgabe des Staates liegt vor allem darin, die Freiheit zu fördern und nicht zu behindern, geschweige denn, sie zu beschneiden. Die Freiheit ist die Anerkennung der Tatsache, dass ein jeder anders ist, etwas Besonderes ist und nur dann eine Chance zum Glück hat, wenn er diese individuellen Eigenheiten zur Geltung bringen kann.

Doch erleben wir eine permanente Beschneidung der Freiheit – durch Gesetze aller Arten und durch die Steuererhebung. Allein die Anzahl der Gesetze, die ein

Handwerker einhalten muss, ist kaum mehr überschaubar. Die Steuergesetzgebung versteht niemand mehr, abgesehen davon, dass die Abgaben viel zu hoch sind.

Die Aktivität des Staates stört, behindert, stoppt, zerstört die Freiheit seiner Bürger. Im Willen, es allen recht zu machen, allen die größtmögliche Gleichheit zu schaffen, im Eingehen auf alle Individualinteressen ruiniert er sich selbst. Auf der Strecke bleibt nicht nur die Freiheit, sondern auch der Rechtsstaat. Die alten Sprüche »Vor Gericht bekommt man ein Urteil und keine Gerechtigkeit!« und »Vor Gericht und auf hoher See ist man in Gottes Hand!« sind heute wahrer denn je. Unser Staat widerspricht seinen eigenen rechtsstaatlichen Prinzipien in dem Moment, in dem auch nur eines seiner Gesetze einem anderen widerspricht. Doch solche Fälle haben wir zahlreich. Zum Beispiel fordert das Gewerbeaufsichtsamt aus Hygienegründen glatte Böden in der Lebensmittelindustrie, die Berufsgenossenschaft hingegen fordert das Gegenteil, es könnte sonst jemand ausrutschen und sich verletzen. Wie soll man dem gerecht werden? Der Rechtsstaat scheitert an der Fülle seiner Normen. Und die Unsicherheit, die er damit produziert, raubt seinen Bürgern, seinen freiheitsberechtigten Bürgern, die Sicherheit.

Das Erfolgsrezept der Schweiz

Es gibt einen Staat in Europa, der viele unserer Probleme nicht hat: die Schweiz. In der Schweiz wird man ein zu starkes Eingreifen des Staates in die Belange der

Bürger nicht finden. Ein Grund dafür liegt auch in der starken Autonomie der einzelnen Kantone, die wiederum in der historischen Entwicklung begründet ist. Die Schweiz hatte natürlich einen Vorteil in der Geschichte – nämlich dass sie relativ unbeschadet durch die Brüche der vergangenen Jahrhunderte gegangen ist. Sie kennt keine Revolutionen und wesentliche Systemwechsel, keine Diktaturen. Und sie hat sich ihr System bis heute bewahrt, was erstaunlich genug ist, denn immerhin leben vier verschiedene Nationalitäten in der Schweiz: Deutsche, Franzosen, Rätoromanen und Italiener, die sich in anderen Konstellationen nicht immer friedlich gegenüberstanden.

Ihre heutige Gestalt hat die Schweiz einem großen Heiligen zu verdanken: Nikolaus von der Flüe oder einfach Bruder Klaus, dem auch ich meinen Vornamen verdanke. Er lebte von 1417 bis 1487 im Flüeli Ranft im Kanton Obwalden, zunächst als Bauer, Offizier, Staatsmann und Familienvater. Im Alter von 48 Jahren folgte er mit dem Einverständnis seiner Frau Dorothea dem Rufe Gottes und lebte fortan als Einsiedler in einer Klause auf dem Ranft. Bruder Klaus war ein gesuchter Ratgeber und Friedensstifter, auch in politischen Angelegenheiten. Seine Korrespondenzen mit Ratsherren aus der ganzen Schweiz sind bis heute erhalten. Seine Forderung lautete: Der Staat soll einig, frei, unabhängig, wehrhaft und christlich sein – und das ist das Erfolgsrezept der Schweiz.

Auf seine Vermittlung hin kamen bedeutende Friedensschlüsse zustande. Aus einem einfachen Mann, einem ganz gottergriffenen Mystiker, wurde so der Vater eines durch Jahrhunderte dauernden eigenartigen Staatsgebildes.

Zwei Dinge in der Schweiz sind für uns lehrreich:

Zum einen sind die politischen Ämter großteils Ehrenämter. Es gibt keine Berufspolitiker in dem Maße wie bei uns. Zum anderen haben Gemeinden wie Kantone eine sehr große Autonomie. Natürlich wäre nicht alles für Deutschland umsetzbar, aber interessant vor allem ist die Tatsache, dass der Großteil der Steuern in der Schweiz zunächst einmal der Gemeinde zugutekommt. Der nächste, kleinere Teil geht dann an den Kanton, und der kleinste Teil geht an den Bund. Das schafft eine ganz andere Bindung und eine ganz andere Verpflichtung des Einzelnen, seine Steuer zu zahlen. Ich erinnere mich, dass wir einmal in unserer Schweizer Firma ein Steuersparmodell diskutiert haben. Da haben die Schweizer Mitarbeiter gesagt, warum sollten wir das tun, da bekommt doch die Gemeinde weniger Geld, und das ist nicht gut. Wir haben es dann wieder verworfen und weiterhin die Steuern so bezahlt. Für die Steuerzahler ist es sicher ein gutes Gefühl, einen Einfluss darauf zu haben, was mit dem Geld passiert in seiner Gemeinde; und es wird auch anders mit dem Geld umgegangen. Das ist eine ganz andere Mentalität als bei uns, wo jeder versucht, möglichst viel von der Steuer abzusetzen und jedes mögliche Gesetz zu suchen, um die Steuerschuld zu mindern.

Warum nicht endlich eine Flat Tax?

»Gebt dem Kaiser, was dem Kaiser gebührt …« – selbst in der Bibel haben wir die Aufforderung zur Steuerzahlung. Anzumerken sei hier, dass Steuerhinterziehung im Katechismus der katholischen Kirche als Sünde vermerkt ist[12]. Und aus der Bibel kommt auch die sogenannte mosaische Zehntordnung: Den Zehnten sollst du geben! Die Erhebung von Steuern ist legitim und notwendig und liegt im Gemeinwohl begründet, das ohne die Opferbereitschaft der Bürger nicht verwirklicht werden kann.

Als im Frühjahr 2008 der Chef der Deutschen Post, Klaus Zumwinkel, vor den Augen der deutschen Öffentlichkeit aus seinem Haus in Polizeigewahrsam genommen wurde, schlugen die Wellen hoch. Die Entrüstung über den vermeintlichen Steuerhinterzieher vermischte sich mit einem unguten Gefühl. Man empfand ein rechtsstaatliches Unbehagen über die Art und Weise, wie sich deutsche Steuerbehörden Daten über mehrere hundert Bürger beschafft haben – durch einen illegalen Handel mit einem zwielichtigen einstigen Angestellten einer Liechtensteiner Bank. Deutsche Ermittler belohnten einen liechtensteinischen Rechtsbrecher für die Verletzung des Bankkundengeheimnisses mit einer siebenstelligen Prämie. Hier stellt sich auch der Rechtsstaat selbst in Frage, muss er doch darauf achten, dass seine eigene Gesetzestreue nicht in Zweifel gerät.

Allerdings ist auch zu fragen, warum denn die so-

12 Katechismus der katholischen Kirche, Nr. 2409, München 1993

genannten Steueroasen gesucht werden. Allein die Begrifflichkeit gibt hier die Antwort: Oasen gibt es nur in der Wüste …

Landauf, landab wird über Deutschlands große Steuersünder diskutiert. Die Steuermoral liegt brach. Die Überlegungen, wie sich Steuern sparen lassen, wie man das Finanzamt umgeht, werden zum Volkssport. Das Unrechtsbewusstsein ist nicht mehr vorhanden. Und der, der seine Steuern noch rechtmäßig bezahlt, wird belächelt.

Steuerhinterziehung findet, wie gesagt, aber nicht nur auf den hohen Etagen statt. Die nicht angemeldete Putzfrau, der bar auf die Hand bezahlte Handwerker ohne Rechnung, auch das ist Steuerhinterziehung. Allein im Jahr 2004 besaß das Volumen der Schwarzarbeit einen Wert von ca. 380 Milliarden Euro. Wenn ein Maurer sich ein Haus baut und einen Kollegen bittet, ihm beim Hausbau zu helfen – dann müsste der Maurer korrekterweise sieben Stunden arbeiten, um sich eine Arbeitsstunde des Kollegen leisten zu können.

Die Entrichtung der Abgaben wird nicht mehr als staatsbürgerliche Pflicht gesehen, sondern als drückende Last empfunden. Und es stimmt. Die Abgaben in Deutschland sind zu hoch. Und es hört nicht auf. Wenn es darum geht, dem Bürger in den Geldbeutel zu greifen, dann ist der Staat außerordentlich findig. Es gibt eine Feuerschutzsteuer, die Hundesteuer, verschiedenste Versicherungssteuern, Lotteriesteuern, Zweitwohnungssteuern, Schankerlaubnissteuern, Jagd- und Fischereisteuern. Einige Städte besteuern gar die Damen des horizontalen Gewerbes pro »Geschäftsvorgang«.

Und jüngst hat Erfurt sogar eine Regenwassersteuer erfunden, die man für das Regenwasser zahlen muss, welches vom eigenen Grundstück in den öffentlichen Abwasserkanal fließt, man zahlt also für etwas, was man gar nicht beeinflussen kann! An jeder Benzinpreiserhöhung verdient der Staat kräftig mit, und die Mehrwertsteuererhöhung um 3 Punkte auf 19 Prozent soll in 2008 allein mit 22,7 Milliarden Euro die Staatskassen zum Klingeln bringen. Und der Staat schämt sich noch nicht einmal, Steuern auf bereits versteuertes Geld zu erheben. Bei einer Erbschaft hält der Staat die Hand auf, ebenso wie bei einer Schenkung. Das Wort von Franz Joseph Strauß: »Eher legt sich ein Hund einen Wurstvorrat an, als dass eine sozial-liberale Regierung eine Steuer aufgibt!«, gilt leider mittlerweile für alle Regierungen.

Die Last der Einkommensteuer belastet vor allem die Arbeitnehmer im unteren und mittleren Einkommensbereich. Schon jetzt ist es so weit, dass ein Facharbeiter mit durchschnittlichem Einkommen in die höchste Steuerprogression hineinrutscht. Hinzu kommen die zahlreichen anderen Abgaben: Hat jemand ein Brutto-Monatsgehalt von 2000 €, so kommt er nach Steuern, Abgaben (wie Krankenversicherung etc.), Kfz-Steuer, Benzinsteuer, sonstigen Verbrauchssteuern auf ein verwertbares Realeinkommen von knapp 700 €. Das ist eine Abgabequote von 65 Prozent! Ein »Geringverdienender« mit etwa 1400 € hat eine Abgabenquote von 60 Prozent, und ein »Besserverdienender« mit 3200 € gibt knapp 75 Prozent seines Einkommens ab. Kein Wunder, dass es mancher als legitim empfindet, sich dieser Steuer- und Abgabenflut zu entziehen. Auch das

System der Steuerprivilegien ist absurd. Bei 500 Privilegien hat letztlich jeder eines. Und glaubt, er sei im Vorteil gegenüber dem anderen. Und ahnt nicht, dass er besser stünde, wenn alle Privilegien abgeschafft und dementsprechend die Steuern gesenkt würden. Das deutsche Steuerrecht ist viel zu kompliziert und voller Ausnahmeregelungen, klagen selbst Steuerberater. Das muss sich ändern, damit das Vertrauen in die Steuergerechtigkeit wächst.

Schon Papst Leo XIII. schrieb in seiner Enzyklika »Rerum Novarum«: »… die Vorteile werden jedoch offenbar dann nicht gewonnen, wenn der Staat seinen Angehörigen so hohe Steuern auferlegt, dass dadurch das Privateigentum aufgezehrt wird. Denn da das Recht auf Privatbesitz nicht durch ein menschliches Gesetz, sondern durch die Natur gegeben ist, kann es der Staat nicht aufheben, sondern nur seine Handhabung regeln und mit dem allgemeinen Wohl in Einklang bringen. Es ist also gegen Recht und Billigkeit, wenn der Staat dem Vermögen der Untertanen einen übergroßen Anteil an Steuer entzieht.«[13]

Doch jedes Mal, wenn sich jemand politisch aus dem Fenster neigt, um die Senkung der Steuern zu fordern, geht ein Aufschrei durch das Land. Selbst ein Vorstoß, den Solidaritätszuschlag zu überdenken, wird geahndet. Zuvorderst erweckt der Bundesfinanzminister den Eindruck, als ob die Welt zusammenbräche, wenn Steuern gesenkt werden. Steuersenkungsdiskussionen wer-

---

13 Rerum Novarum Nr. 36. Zitat aus: Texte zur katholischen Soziallehre. 8. Aufl., Kevelaer 1992

den abgewürgt mit dem Argument der Haushaltskonsolidierung. Doch niemand redet vom Sparen und von Haushaltsdisziplin, ganz im Gegenteil, die verschiedenen Kabinettsressorts stehen schon mit Forderungen nach Mehrausgaben in zweistelliger Milliardenhöhe Schlange. Da sind natürlich durch die gegenwärtig sprudelnden Steuereinnahmen Begehrlichkeiten geweckt worden.

Der deutschstämmige amerikanische Wirtschaftprofessor Arthur B. Laffer hat die nach ihm benannte »Laffer-Kurve« entwickelt, die besagt, dass die Steuereinnahmen sinken, wenn die Steuerquote einen bestimmten Prozentsatz erreicht. Wenn die Steuern gesenkt werden, dann ist das Gesamteinkommen an Steuern höher. Die Menschen arbeiten mehr, wenn sie anschließend mehr in der Tasche haben. Und sie arbeiten weniger, wenn ihnen am Ende nicht mehr bleibt. Und wenn ihnen mehr bleibt, dann steigt auch der Konsum, und damit steigt die Wirtschaftskapazität. P. M. Gutmann setzt die Laffer-Kurve fort: Die Menschen hören nicht auf zu arbeiten, wenn die Steuern zu hoch sind, sondern sie hören auf, *legal* zu arbeiten. Das heißt, was bei wachsender Steuerlast immer zunimmt, sind Schwarzarbeit und Schattenwirtschaft. Arthur B. Laffer sagte noch: »Man macht die Armen nicht reich, indem man die Reichen arm macht!«

Es wäre also an der Zeit, intensiv über die Einführung einer Flat Tax nachzudenken, eines niedrigen Steuersatzes für alle. Das wäre ein guter Weg zu einer Steuergerechtigkeit. Einige unserer Nachbarn in Mittel- und Osteuropa haben die Chance der Transformation ihrer

Länder vom kommunistischen in ein marktwirtschaftliches System genutzt und die Flat Tax eingeführt. Eines der ersten Länder war Estland, das einen einheitlichen Steuersatz von 21 Prozent hat. Das Steuergesetz hat den Umfang einer Broschüre mit nur wenigen Seiten. Der Steuersatz gilt für alle, und es gibt keine Ausnahmen und Sonderregelungen. Der estnische Ministerpräsident Maart Laar berichtete, dass man nach der Einführung der Flat Tax die Steuerschätzung berichtigen musste – nach oben. Und Maart Laar macht heute seine Steuererklärung innerhalb von zehn Minuten online am Computer. Andere Länder haben es den Esten nachgemacht: Litauen mit 24 Prozent, die Slowakei mit 19 Prozent, Rumänien mit 16 Prozent, Tschechien mit 15 Prozent, Russland mit 13 Prozent, Mazedonien und Bulgarien mit 10 Prozent.

Das hat natürlich den Neid der Westeuropäer hervorgerufen: Als die Verhandlungen zum Beitritt dieser Länder zur EU anstanden, haben die EU-Kommission und die westlichen Regierungen versucht, Druck auf die Neuen auszuüben, die Flat Tax abzuschaffen, mit dem Argument der Wettbewerbsverzerrung. Auf die Idee, dass man auch im Westen eine Niedrigsteuerrate einführen könnte, kam keiner.

In Neuseeland hat gar ein sozialistischer Ministerpräsident die Steuer radikal vereinfacht, weil das Land zutiefst verschuldet war. Vier Jahre lang wuchs die Wirtschaft um nahezu 12 Prozent, dann kam ein kleiner Einbruch von nur 6 Prozent. Da wären wir doch schon dankbar, wenn wir ein Wirtschaftswachstum von 6 Prozent hätten!

Die Einführung einer Flat Tax ist eine wirtschaftliche Notwendigkeit. Sie würde die Bürger entlasten und das Wirtschaftswachstum ankurbeln. Der Staat würde von einer florierenden Wirtschaft stärker profitieren, könnte mehr Bürokratie abbauen und sich auf seine wesentlichen Aufgaben konzentrieren. Das Vertrauen der Bürger in den Staat wäre wiederhergestellt. Augustinus hat schon gesagt, dass ein Staat ohne Gerechtigkeit nicht mehr ist als eine gut organisierte Räuberbande. Hoffen wir, dass der Staat sich auf seine Steuergerechtigkeit besinnt und nicht zu einem Staat der Kleptokraten wird.

Mehr Wettbewerb ohne Subventionen

Es macht jeden froh, wenn er mit offenen und großzügigen Händen Geschenke verteilen kann. Auch der Beschenkte ist glücklich darüber. Kommen die Geschenke aber regelmäßig und an viele, so wird der Beschenkte irgendwann einmal seinen Gönner fragen, warum gibst du mir nicht mehr? Meinem Nachbarn hast du doch schon 10 Prozent mehr gegeben als im letzten Jahr, ich will das nun auch! Ohne deine Geschenke kann ich nicht leben.

So funktionieren Subventionen, d.h. Finanzhilfen und Steuervergünstigungen. Die Politik verteilt gerne Geschenke und traut sich anschließend aus wahltaktischen Gründen nicht mehr, diese Dauergeschenke zu reduzieren. Kommen einmal schlechte Zeiten und rollen die Steuereinnahmen nicht mehr so üppig in die

Staatskasse, dann sind sich alle einig über den Subventionsabbau. Dann aber rüsten die Lobbygruppen massiv auf, um die Streichung gerade ihres Zuschusses zu verhindern.

Im vorangegangenen Abschnitt habe ich über die notwendigen Steuersenkungen gesprochen. Hand in Hand damit muss der Abbau von Subventionen und sonstigen Vergünstigungen gehen. Subventionen belasten in erheblichem Maße die öffentlichen Haushalte und gehen vielfach am Ziel vorbei. Sie wirken wettbewerbsverzerrend und sind damit hinderlich für mehr Wachstum und Beschäftigung. Die Wachstumsmöglichkeiten nicht subventionierter Unternehmen verschlechtern sich, nicht wettbewerbsfähige Krisenbranchen werden künstlich am Leben gehalten. Im Jahr 2004 betrug das Gesamtvolumen der Subventionen allein 153 Milliarden Euro, das sind 35 Prozent des Steueraufkommens[14]. Würden wir die Subventionen abbauen, könnten im Gegenzug erhebliche Steuersenkungen möglich sein.

Die Macht der Parteien

Wenn wir über die dringlichen Aufgaben des Staates sprechen, dann stellt sich die Frage, wer diese eigentlich wahrnehmen soll. Und wir kommen zu der Frage nach der Politik.

---

14 Studie des Instituts für Weltwirtschaft, Kiel, Januar 2006

In Deutschland, und nicht nur hier, hat sich in den vergangenen Jahren eine Politikverdrossenheit breitgemacht. Die Bürger haben nur noch wenig Vertrauen in die Politik. Und noch weniger Vertrauen haben sie in die Politiker. Also haben wir auch eine Politikerverdrossenheit. Das Bild vom faulen Abgeordneten (leere Bänke im Parlament!) mit Raffke-Mentalität (Diätenerhöhung!) prägt die Diskussion. Doch auch hier gilt: Unsere Volksvertreter sind besser als ihr Ruf. Die Mehrheit ist fleißig und bemüht sich, eine gute Arbeit zu leisten, oft unter persönlichen Opfern. Wer je Gelegenheit hatte, einen Abgeordneten eine Woche lang zu begleiten, wird nicht mehr so schnell vom faulen Mandatsträger sprechen. Die Verpflichtungen zwischen Wahlkreis und Bundestag sind mannigfaltig, ein Termin jagt den anderen, da bleibt wenig Zeit zum Faulsein. Und in der freien Wirtschaft würde für eine vergleichbare Arbeit mehr gezahlt werden als in der Politik. Negative Schlagzeilen machen nur einige wenige.

Die Politik(er)verdrossenheit schlägt sich in immer niedrigeren Wahlbeteiligungen nieder. Nach jeder Bundestags-, Landtags- und Europawahl beginnt ein gemeinschaftliches Klagen von Politik und Medien über die geringen Wahlbeteiligungen. Wobei wir in Deutschland noch relativ gut dastehen. Bei der letzten Bundestagswahl gingen 77 Prozent aller Wahlberechtigten zur Wahlurne – in den USA hingegen sind nie mehr als 60 Prozent gezählt worden, in der Regel jedoch eher knapp über 50 Prozent. Bei den Europawahlen sieht es jedoch schlecht aus – nur 43 Prozent der Deutschen wählten in 2004 ihre Europaparlamentarier. Die Partei der Nichtwähler wächst. Die Parteien stehen diesem Phänomen relativ ratlos gegenüber.

Eine Krise der Demokratie zeichnet sich ab. Auch Umfragen belegen, dass das Vertrauen in die Regierenden schwindet. Was aber macht eine Demokratie, wenn ihr die Wähler abhandenkommen?

Nicht jeder Wähler ist ein Experte in allen politischen Fragen. Doch sollte man die Wähler durchaus ernst nehmen. Das geringe Vertrauen fußt auf Enttäuschungen durch die Politik. Da gehen alte Stammwähler den Parteien verloren, weil diese nicht mehr ihre klassische Klientel bedienen, und das ist ein Problem der beiden großen deutschen Volksparteien. Sowohl die Union als auch die SPD kämpfen mit dem Schwund ihrer Anhänger. Kurioserweise versuchen sie, neue Anhängerschaften zu gewinnen, indem sie im einstigen gegnerischen Lager grasen – die SPD im bürgerlichen Lager, die Union bei den Arbeitnehmern. Beides geht schief. Im schlimmsten Falle driften die Enttäuschten zu den extremen Parteien ab.

Allerdings hat noch kaum jemand aus den etablierten Parteien das gegenwärtige politische System in Frage gestellt. Damit meine ich nicht unsere parlamentarische Demokratie, sondern das praktische System, wie heute Politik gemacht und »verkauft« wird. Das System, wie politische Karrieren zustande kommen und was dafür geleistet werden muss. Das System, in dem sich die Parteien wie eine Hydra über den Staat legen. Natürlich brauchen wir die Parteien als Ausdruck der verschiedenen politischen Richtungen. Doch inwieweit gibt es dort noch Raum für freie Denker, für kantige Menschen, die noch nicht von der Partei stromlinienförmig abgeschliffen sind? Laut Grundgesetz wirken die Parteien am politischen Handeln mit. In Wirklichkeit bestimmen sie jedoch längst vollständig das Personal. Dies zeigt sich in der Zusammensetzung der Parlamente: Der Fachmann ist weniger gefragt als der Parteisoldat.

»Quereinsteiger« gibt es in der Politik immer seltener. Das prägende Bild ist das des Berufspolitikers, der sein Leben lang nichts anderes gemacht hat, als der Partei zu dienen. Es ist schön, wenn jemand das politische Geschäft aus dem Effeff kennt, aber es stimmt bedenklich, wenn er sich noch nie in einem normalen Beruf in der freien Wirtschaft bewähren musste. Unsere Parlamente sind geprägt von Beamten und zahlreichen Verbandsvertretern. Ich darf hier noch einmal die Schweiz lobend erwähnen, deren Parlament ein sogenanntes »Milizparlament« ist, d. h., dessen Mitglieder üben ihr Mandat nicht haupt-, sondern nebenberuflich aus[15]. Politik als Ehrenamt ist aus unseren Parlamenten weitgehend verschwunden. Ich habe es sehr bedauert, als im Jahr 2000 in Bayern der Senat abgeschafft wurde. Der Senat war neben dem Landtag die Zweite Kammer der bayerischen Volksvertretung, seine Mitglieder waren ehrenamtlich tätig und hatten beratende und gut-

15 Die Schweizer Parlamentarier erhalten auch keinen Lohn vom Staat, sondern Sitzungsgelder. Ein solches Milizsystem ist sicherlich nicht auf die Verhältnisse der Bundesrepublik übertragbar, da in der Schweiz der Bund wesentlich weniger Kompetenzen als bei uns. Die meisten Kompetenzen liegen auf der Ebene der Kantone bzw. bei den Gemeinden. Nun wird man sagen können, daß dies bei uns schon aufgrund der Arbeitsmenge nicht ginge, aber man könnte ja doch die Anzahl der Mitarbeiter entsprechend erhöhen.

achterliche Aufgaben. Wenn der Senat auch faktisch machtlos war, so war er doch nicht ohne Einfluss, und seine Meinung wurde gerne gehört.

In England gibt es immer noch das »House of Lords«, dessen Mitglieder ehrenamtlich tätig sind, und auch in Frankreich hört man gerne die Stellungnahmen des »Conseil économique et social« (Wirtschafts- und Sozialrat). Es tut einfach dem politischen Betrieb gut, wenn man Meinungen hat, die nicht von der Jagd auf Wählerstimmen beeinflusst sind. Bei uns hingegen kann man beobachten, dass spätestens ein Jahr vor der Wahl alle Zeichen auf Sturm stehen und jedes Statement in Punkt und Komma dahingehend überprüft wird, ob es auch mit der Wahltaktik zusammenpasst.

Wenngleich die Grünen einst einen immerhin ehrenhaften Versuch gemacht haben, die Macht der Parteiämter zu beschränken, so sind auch sie heute von anderen Parteien kaum zu unterscheiden. Wer etwas werden will, muss erst die »Ochsentour« absolvieren. Vom Plakatekleben im Ortsverband zu einem Posten im Kreisvorstand ist es schon ein langer Weg. Endlose Sitzungen in den verschiedensten Gremien und Ausschüssen belohnen am Ende den Hartnäckigsten mit einem Mandat. Wird dann auch der Parteivorsitzende auf einen aufmerksam, dann hat man es geschafft. Bis dahin sind zahlreiche Intrigen abgewehrt, und man hat gelernt, jede Klientel zu bedienen. Vom örtlichen Kindergartenverein bis hin zum Wirtschaftsrat, jeder bekommt das zu hören, was er hören will. Und die lokale Ebene der Politik kann ein ebenso großes Haifischbecken sein wie die Bundestagsfraktion.

Die Mehrheit hat sich mit diesen Mechanismen abgefunden. Der wichtigste Kampf ist nicht der Wahlkampf, sondern der um den richtigen Listenplatz. Glücklicherweise haben wir noch bei uns das System von Erst- und Zweitstimme, d.h., wir können noch einen direkten Kandidaten im Wahlkreis bestimmen. Völlig zu Recht genießt daher ein direkt gewählter Abgeordneter ein höheres Ansehen.

Dennoch geht die Tendenz zu einer immer stärkeren Parteiendominanz. Der Kampf um den richtigen, d.h. aussichtsreichen Platz auf der Liste ist auch gleichzeitig ein Buhlen um die Gunst des Parteivorstands. Jemand, der außergewöhnliche Ideen, vielleicht schmerzhafte Reformvorschläge einbringt oder gar Zweifel am System, wird da wenig Chancen haben. Wir sind schon längst in einer Partitokratie angelangt. Der Kontakt zum Wähler geht verloren zugunsten der Kontakte in der Partei. Doch wenn der Wähler keinen Kontakt mehr zu seinem Gewählten hat, dann geht er am Ende auch nicht mehr zur Wahl.

Unsere parlamentarische Demokratie hat sich in den letzten 60 Jahren bewährt. Doch wir sollten das Knirschen im Gebälk durchaus wahrnehmen und uns Gedanken machen, ob ein »Weiter so!« uns nicht am Ende größte Probleme bringen kann. Wir müssen über die Veränderung unseres Wahlsystems nachdenken. Es wird nichts nützen, die Parteien abzuschaffen, aber sie könnten sich auf sich selbst beschränken. Im Übrigen hört man auch von manchem Parteifunktionär hinter vorgehaltener Hand, dass der Motor des Systems dabei ist, heißzulaufen.

Meines Erachtens ist das gegenwärtige Verhältniswahlrecht überholt. Wir müssen über ein Mehrheitswahlrecht nachdenken. Natürlich würden da die kleinen Parteien zunächst wild aufjaulen, aber andererseits wäre auch das ihre Chance, ihre kompetenten Kandidaten ins Rennen zu schicken.

Das Mehrheitswahlrecht würde zu einem verstärkten Kontakt und damit zu einer besseren Bindung des Gewählten zum Wähler und umgekehrt führen. Der Wähler würde sich für den Kandidaten entscheiden, den er kennt. Dies würde auch eine verstärkte Auseinandersetzung mit der Politik des Kandidaten führen, denn von den Parteien in Hinterzimmern ausgekungelte Listen, die dann auf einem Parteitag in Gänze den Delegierten zur Abstimmung vorgelegt werden, gäbe es nicht mehr. Es wäre ein Gewinn an politischer und demokratischer Kultur. Auch für den Abgeordneten. Er wäre seiner Partei gegenüber freier als jetzt. Es wäre sein persönlicher Auftritt im Wahlkreis, der über das Parlamentsmandat entscheidet und nicht, ob sein Verhalten in früheren Abstimmungen der Partei gefallen hat oder nicht. Der Abgeordnete wäre seinem Wähler gegenüber verantwortlich und niemandem sonst. Und er kann sich und seine Glaubwürdigkeit dann nicht hinter irgendeiner Parteientscheidung verstecken. Wir haben es doch oftmals erlebt, dass Abgeordnete, die aufgrund einer bestimmten politischen Richtung gewählt wurden, dann völlig abweichend davon abgestimmt haben – zuletzt bei der Entscheidung im Bundestag über die Ausweitung der Forschung an menschlichen Embryonen. Ein Mehrheitswahlrecht würde die Abgeordneten auch im

Parlament stärken. Jemand, der seinen Wählern direkt gegenüber verantwortlich ist, wird sich nicht so leicht in eine Fraktionsdisziplin einbinden lassen, die seiner Überzeugung widerspricht. Es wäre mehr Raum für inhaltliche Debatten und den Wettstreit der Ideen.

Natürlich würde ein Mehrheitswahlrecht auch ein eindeutigeres Ergebnis bei der Wahl schaffen. Eine große Koalition wird es mit dem Mehrheitswahlrecht wohl kaum geben, vielleicht sieht dies der ein oder andere als Nachteil, aber die gegenwärtige große Koalition ist weder Fisch noch Fleisch. Aber mit einem Mehrheitswahlrecht würden sich die Spielräume einer Regierung für eine Wahlperiode durchaus erhöhen – man könnte in der Tat das verwirklichen, wofür man gewählt wurde. Auch die Opposition würde ein klareres Profil gewinnen. Sie wäre nicht mehr gezwungen, aufgrund politischer »Notstände« Kompromisse mit der Regierung auszuhandeln, die am Ende entweder total verwässert und somit letztlich bedeutungslos sind, oder diese auch noch zu blockieren, damit der Regierung in der Öffentlichkeit keine Pluspunkte zuwachsen. Dem Wähler werden die tatsächlichen, programmatischen Unterschiede in den Parteien wieder deutlich und verschwimmen nicht hinter den kleinstmöglichen Kompromissen, die schon bei der Verhandlung eine geringe Lebensdauer haben.

Die kleineren Parteien wären gezwungen, sich im Wettbewerb mit den Programmen der großen Parteien zu messen und nicht nur einzelne Nischenthemen zu besetzen, die sie aufgrund innerkoalitionärer Rücksichtnahmen ohnehin nie verwirklichen können. Sollte es zu Koalitionen nach einem Mehrheitswahlrecht kommen, wären die Möglichkeiten der kleineren Partei(en) viel ausgeprägter. Käme es dann zu einer übermäßigen Anpassung des kleinen Partners an den großen, würde der Wähler dies sicherlich in der nächsten Wahl negativ bewerten.

Erlauben Sie mir noch eine Anmerkung zur politischen Kultur in unserem Land: Politik muss »verkauft« werden, ihre Inhalte unter die Menschen gebracht werden. Insofern lebt die Politik ständig in einer Wechselwirkung mit den Medien. Doch was uns als politische Sendung, politisches Gespräch, politische Talkshow angeboten wird, hat weniger mit Politik zu tun als mit Unterhaltung. Wir sehen nicht mehr, dass sich die Medien der Politik anpassen, sondern umgekehrt, die Politik unterwirft sich den Regeln der Massenmedien. Glücklich ist der Politiker, der sich in der »Bild«-Zeitung zitiert sieht. Die politische Arena hat sich vom Plenarsaal in die Redaktionsstuben oder die Fernsehstudios verlagert. Wichtig ist nicht mehr die Debatte im Bundestag, sondern der publikumswirksame Schlagabtausch in einer Zeitung oder vor der Kamera. Und damit verschwimmen die Grenzen zwischen Politik und Boulevard. Die Sendungen sind vielmehr unpolitische Veranstaltungen, an denen Politiker mitwirken. Die Talkmaster stellen das Forum – aber will die Öffentlichkeit wirklich eine solche Auseinandersetzung? Sieger ist, wer am telegensten den noch so großen Blödsinn in leichtverdaulichen Brocken in die Kamera wirft und den politischen Gegner am attraktivsten beschimpft. Wer treibt da wen vor sich her? Die Politik hat sich auf die Gesetze der Medien eingelassen und kann sich daraus kaum mehr befreien. Die Medien bestimmen alles. Komplizierte Sachverhalte lassen sich aber oft nicht in 30 Sekunden erklären. Da greift man lieber zur plakativen Aussage und zur hohlen Phrase.

Die Sprache der Politik ist zu einer Sprechblasen-Sprache verkommen. Oft genug fragt man sich, was hat derjenige denn eigentlich gerade gesagt? Was ist der Gehalt seiner Rede? Wir haben keine Debattenkultur mehr. Ganz gleich, wie man zu Franz Joseph Strauß stehen mag, doch kaum jemand wird abstreiten, dass seine Reden ein hohes Niveau hatten und mit Inhalten angefüllt waren. Und er hat seine Reden nicht immer vor einem hochintellektuellen Publikum gehalten, sondern vor Landwirten und Arbeitern in Bierzelten. Aber alle haben ihn verstanden!

Medien bestimmen auch Themen und treiben so die Politik vor sich her. Die Folge sind vielfach Gesetze, die nach einem aktuellen Tagesbedürfnis schnell zusammengezimmert werden, ohne durchdacht zu sein. Wir haben eine Unzahl von Gesetzen, die sich auf Eventual- und Grenzfälle beziehen. In der Exekutive bleibt da kaum mehr ein Spielraum zur Interpretation. Es ist nicht mehr die Norm, die zum Normativen wird, sondern es ist die Ausnahme. Und die Gesetzesflut steigt beständig an. Damit wird jede Forderung nach weniger Bürokratie ad absurdum getrieben. Meines Erachtens wäre es vernünftig, für jedes neue Gesetz ein altes abzuschaffen. Wir brauchen nicht für jede Eventualität ein Gesetz. Es wäre vielmehr besser, gute Beamte zu haben, die wenige Gesetze gut umsetzen können. Es muss auch nicht alles vom Bundestag geregelt werden, viele Dinge können auch von Beamten gemacht werden. Im Moment haben wir das Gegenteil. Gesetze müssen klar und verständlich sein. Kaiserin Maria Theresia hat einmal etwas sehr Kluges gesagt: »Ein Gesetz ist erst dann legitim, wenn es selbst vom letzten Schweinehirten in Galizien verstanden wird!« Wie wahr!

Generationenvertrag und Familienwahlrecht

Es freut mich, dass nun langsam Bewegung in die Diskussion kommt, wie unser Staat zukunftsfähig gemacht werden kann. Die demographische Entwicklung zwingt uns dazu. Deutschland ist ein kinderarmes Land, und die wenigen Kinder, die jetzt auf die Welt kommen, werden selbst auch immer weniger Kinder bekommen. Das zwingt uns, sehr intensiv über die Gestaltung unserer Gesellschaft nachzudenken. Gegenwärtig wird viel diskutiert, was man tun kann, um die Geburtenrate anzuheben. Nicht alles, was da vorgeschlagen wird, ist sinnvoll. Auf der anderen Seite aber müssen wir ganz klar erkennen, dass, selbst wenn jetzt auf einmal ein unerwarteter Babyboom auftreten würde, dies die Probleme nicht lösen könnte. Die Gründe für die gesunkene Geburtenrate sind mannigfaltig und lassen sich kaum durch staatliche Maßnahmen auflösen.

Unser Sozial- beziehungsweise Rentensystem beruht auf dem sogenannten Generationenvertrag, der von Wilfrid Schreiber in den fünfziger Jahren entwickelt wurde. Der Schreiber-Plan sah ursprünglich ein Drei-

Generationen-Modell mit den Phasen Kindheit und Jugend, Arbeitsalter und Lebensabend vor. Er ging davon aus, dass ein umlagefinanziertes Rentensystem nur dann erfolgreich sein könne, wenn ein ausgewogenes Verhältnis zwischen den Generationen bestünde. Daher hatte er auch eine Kinder- und Jugendrente in seinem Modell vorgesehen, mit der die Erziehungsleistung der Eltern honoriert werden sollte, und die Höhe des Rentenbezugs sollte sich an der Zahl der Kinder orientieren. Aus wahltaktischen Gründen setzte Adenauer statt diesem Drei-Generationen-Modell ein Zwei-Generationen-Modell durch: »Kinder kriegen die Leute immer!« Wer Kinder hatte, musste also die damit verbundenen finanziellen Belastungen selber tragen.

Wir sehen, dass der Generationenvertrag nicht mehr funktioniert. Es lässt sich schnell ausrechnen, wann dem System zwangsläufig die Luft ausgehen wird – bereits im Jahr 2030 wird jeder dritte Bundesbürger über 60 Jahre alt sein. Die Folgen betreffen nicht nur die Renten, sondern auch alle anderen Sozialleistungen des Staates, auch die Kranken- und Pflegeversicherung. Die Politik wird sich eindeutig an den Interessen von lediglich zwei Generationen orientieren, den Erwerbstätigen und den Rentnern. Damit läuft die Politik Gefahr, immer mehr Gegenwartsinteressen statt Zukunftsinteressen zu vertreten. Leicht sind Wahlgeschenke verteilt, in Form von Rentenerhöhungen etc., auf Kosten der nächsten Generation. Das aber wird zu einer Verschärfung des Generationenkonflikts beitragen. Deutschland ist damit alles andere als zukunftsfähig.

Die Lösung dieser Probleme liegt meines Erachtens im Familienwahlrecht. Vor wenigen Jahren, in 2003, hat es bereits eine Gesetzesinitiative gegeben, die erfreulicherweise von Abgeordneten aus allen Parteien getragen wurde. Sie hatte Unterstützer aus Wirtschaft, Kultur und den Kirchen, ist also ein gesamtgesellschaftliches Anliegen. Durch die demographische Entwicklung werden die Interessen der Jungen immer weniger wahrgenommen. Es liegt aber in ihrem Interesse, dass die Politik zukunftsfähig gestaltet wird. Gegenwärtig gibt es rund 13 Millionen Minderjährige in Deutschland. Sie machen etwa 20 Prozent der Bevölkerung aus. Aber sie haben keine Stimme bei den Wahlen, haben keine wahlstrategische Relevanz, sind ausgeschlossen von der Ausübung der Staatsgewalt.

Wenn wir wirklich demokratisch sein wollen, dann muss der Grundsatz »One man – one vote!« auch konsequent durchgesetzt werden, wie im Übrigen jedes Wahlrecht mühsam erkämpft und durchgesetzt werden musste. Es ist noch gar nicht so lange her, dass es Frauen, für uns heute nicht vorstellbar, nicht erlaubt war, zu wählen. Die erste Präsidentin des ersten direkt gewählten Europäischen Parlaments, Louise Weiss, war in ihrer Jugend noch im Gefängnis gesessen, weil sie für das Frauenwahlrecht demonstriert hatte.

Jedes Kind hat Rechte. Diese Rechte werden von dessen Eltern vertreten und ausgeübt. Warum nicht auch das Wahlrecht? Wenn es ein Wahlrecht von Geburt an gäbe, dann hätte die Zukunft eine Stimme. Mit einem Familienwahlrecht stiegen die Chancen, eine kinder- und familienfreundlichere Politik durchzusetzen. Die

Politiker würden sich ernsthaft mit der Familienpolitik auseinandersetzen. Auf einmal sähen wir, wie viel Phantasie für eine positive Familienpolitik entwickelt würde. Es geht aber nicht nur um Familienpolitik, sondern auch um die Finanz-, Arbeits-, Bildungs- und Umweltpolitik. Ein Familienwahlrecht wäre auch in dieser Hinsicht ein Baustein für eine nachhaltige Politik.

Familienwahlrecht ist vom Kinderwahlrecht zu unterscheiden. Aus guten Gründen wird mit 18 Jahren die Volljährigkeit und das Wahlalter erreicht. Wenn nun manche fordern, man solle das Wahlalter herabsetzen auf 16 oder gar 14 Jahre, dann würde dies das Problem nicht lösen, sondern uns andere aufhalsen. Mit der Senkung des Wahlalters würde die Zahl der von der Wahl Ausgeschlossenen lediglich gesenkt, aber das Demokratiedefizit nicht beseitigt.

Wenn aber die Eltern das Wahlrecht treuhänderisch ausüben würden, dann hätte auch das zweijährige Kleinkind eine Stimme. Es ist viel diskutiert worden über die praktische Ausübung des Familienwahlrechts, denkbar wäre, dass man die Stimme zwischen Vater und Mutter teilt. Für alle anderen Modelle, z. B. gemischtnationale Familien etc., ist entsprechende Phantasie gefragt, um Lösungen zu finden. Die Probleme sind nicht juristischer, verfassungsrechtlicher, sondern politischer Natur. Ein Familienwahlrecht muss politisch gewollt sein.

Dabei spricht viel für ein Familienwahlrecht – auch der Gleichheitsgrundsatz des Grundgesetzes. Und wenn wir den Fehler im Generationenvertrag wiedergutmachen und mehr Generationengerechtigkeit durchsetzen wollen, dann müssen alle betroffenen Generationen eine Stimme haben. Wenn unsere Gesellschaft immer älter wird, dann drohen die Interessen der Jungen unterzugehen, dann wird Politik nur noch für die Alten gemacht, was am Ende den Staat ausplündert und dann für niemanden mehr etwas da ist. Politik auch für die Jungen orientiert sich an der Zukunft und fördert ein nachhaltiges Wirtschaften. Ein Familienwahlrecht fördert also nicht nur die Familien, sondern auch die ganze Gemeinschaft.

Demokratie lebt von der Freiheit des Wortes

Noch nie zuvor waren die Informationsmöglichkeiten für uns so gut, so weit, so schnell wie heute. Wir haben durch die technische Entwicklung jederzeit Zugriffsmöglichkeiten auf alle Arten von Information – Handy und Internet ermöglichen es. Gehen wir in einen gut sortierten Zeitungsladen, finden wir dort alles von A bis Z, von der Anglerzeitschrift bis zum Zen-Magazin, das politische Spektrum wird abgedeckt durch herausragenden Qualitätsjournalismus. Radio, Fernsehen und Internet versorgen uns mit aktuellen Nachrichten rund um die Uhr.

Die Freiheit des Wortes hat eine hohe Kultur bei uns, die Pressefreiheit ist uns heilig.

Überflüssig zu sagen, dass unsere Demokratie von der Freiheit des Wortes lebt, von der Zugänglichkeit von Informationen. In vielen Ländern ist das nicht der Fall, nicht nur in Russland und China gibt es Zensur und eine staatlich kontrollierte Presse. Die Weltoffenheit einer Gesellschaft zeichnet sich auch durch ihre Medien aus[16].

Medien spielen eine wichtige Rolle – sie sind das Sprachrohr der Politik, durch sie erhalten wir die Informationen, durch die uns auch die Teilhabe am öffentlichen Leben möglich wird. Wir müssen die Informationen filtern und das heraussuchen, was für uns wichtig ist. Dabei müssen wir uns darauf verlassen können, dass die Informationen richtig und annähernd objektiv sind. Eine hundertprozentige Objektivität wird es kaum geben. Selbst wenn sich der Journalist eine noch so große Mühe um Objektivität gibt, er wird sie nicht erreichen. In jeden Bericht fließt auch die Individualität des Berichtenden ein, allein in der Art, wie die Informationen ausgewählt, aufbereitet und interpretiert sind. Und bei weitem nicht alles, was über die Nachrichtenagenturen läuft, erreicht uns auch. Man kann davon ausgehen, dass lediglich drei bis vier Prozent der Nachrichten überhaupt den Leser, den Zuschauer, den Zuhörer erreichen, der Rest wurde schon vorher in den Redaktionen als nicht wichtig und nicht relevant verworfen. Auch Bilder sind nicht objektiv, denn es kommt immer auf den Blickwinkel an.

Ebenso wie das öffentliche Wort durch positive Kritik und Anerkennung anspornen und erneuern kann, so kann es aber auch Menschen verletzen und zerstö-

16 Nicht zuletzt auch durch ihre Zugänglichkeit. In Deutschland findet man an jedem Bahnhofskiosk auch die internationale Presse. Wer allerdings einmal in den USA versucht hat, eine *FAZ*, eine *Süddeutsche Zeitung* oder ein anderes europäisches Blatt zu kaufen, weiß, dass das außerhalb der großen Städte ein schwieriges Unterfangen ist.

ren. Insofern kommt den Medien auch eine besondere Verantwortung zu. Die meisten Journalisten arbeiten seriös und fundieren ihre Berichte mit sauberen Recherchen. Doch mitunter drängt sich die Frage auf, ob gewisse Medien noch um Objektivität bemüht sind oder ob sie sich vor den Karren bestimmter Interessen spannen lassen.

In solchen Momenten erlangen die Medien die Funktion des öffentlichen Prangers, der eigentlich seit vielen hundert Jahren abgeschafft sein sollte. Zur Erinnerung: Der Schandtäter wurde öffentlich ausgestellt, und das johlende Volk hatte die Gelegenheit, ihn mit Beschimpfungen, Dreck und faulem Obst zu bewerfen. Als im Frühjahr diesen Jahres mal wieder ein deutscher Manager vor den Augen der Kameras wegen des Vorwurfes der Steuerhinterziehung von der Polizei abgeführt wurde und diese Bilder den bundesdeutschen Frühstückstisch garnierten, lag ein solcher Schluss nahe. Die Objektivität ist in einem solchen Fall völlig perdu. Es gibt ein jüdisches Sprichwort, das besagt, dass nichts schlimmer ist, als einen Menschen willentlich zu beschämen.

Informationen können lenken und manipulieren. Es gibt genügend Fälle, in denen wissentlich Zitate aus dem Zusammenhang gerissen wurden, um jemanden in ein falsches Licht zu rücken. Die Chefredaktionen sollten sich immer wieder genau überlegen, ob sie im Interesse der Allgemeinheit richtige Informationen weitergeben oder ob sie nicht zum Sprachrohr gewisser Interessen werden. Auch mein Unternehmen selbst hat mitunter unerfreuliche Erfahrungen mit – sagen wir einmal gutwillig – oberflächlicher Berichterstattung gemacht. Unser Labor prüft jeden Wareneingang ganz genau auf Rückstände von Schadstoffen aller Art. Es prüft auch Warenproben. Und so hat es im Jahr 2002 in einer Probe von Geflügelfleisch Rückstände des Pflanzenschutzmittels Nitrofen gefunden. Wir haben das natürlich sofort dem Lieferanten gemeldet und ihm geraten, sich umgehend mit einem staatlichen Institut in Verbindung zu setzen. Am Ende aber war daraus die Schlagzeile geboren, die unseren Firmennamen mit diesem Schadstoff in Verbindung brachte. Bei einem solchen Fall fällt es natürlich schwer, nur an oberflächliche Berichterstattung zu glauben.

Nehmen wir ein Beispiel aus der Politik. Kaum jemand kennt sich hier mit den Verhältnissen in Georgien aus. Da ich selbst an der Kunstakademie in Tbilissi, der Hauptstadt Georgiens, unterrichte und das Land regelmäßig bereise, habe ich Erfahrungen aus eigener Anschauung. Im Winter 2007/2008 kam es zu Unruhen in der Hauptstadt, angezettelt von der dortigen Opposition. In den westlichen Medien allerdings war die Rede von revolutionsähnlichen Zuständen, von einem quasidiktatorischen Regime, welches die Demonstrationen brutal zerschlagen habe. Das stimmt definitiv nicht. Georgien ist ein freies Land mit einer freien Presse. Die Wahlen zum Parlament und die Präsidentenwahl im Frühjahr 2008 haben in einer offenen Atmosphäre stattgefunden, die von internationalen Wahlbeobachtern bestätigt wurde. Von Wahlbetrug, wie es hier mitunter zu lesen war, kann keine Rede sein. Wenn man aber weiß, dass manche Korrespondenten von Moskau aus berichten, und die offiziellen russischen Regierungsäußerungen zu Georgien neben die Zeitungsberichte legt, dann weiß man, woher der Wind weht.

Schlimmer als die Lüge kann auch die Halbwahrheit sein. Die Medien müssen wissen, wie sie mit Informationen umgehen. Sie sollten sich hüten, andere Interessen zu verfolgen als in der Tat die der Information und Hintergrunddarstellung. Sonst wird aus der Information schnell Desinformation und Demontage.

Die Moral der Macht

Soziale Marktwirtschaft

Erfolgsvater Ludwig Erhard

Am 20. Juni 1948 wurde die D-Mark eingeführt. Die alte Reichsmark galt nicht mehr, und jeder Bürger bekam 40 D-Mark ausgezahlt. Der Krieg war seit drei Jahren beendet, Deutschland lag politisch und wirtschaftlich in Trümmern, die Besatzungsmächte versuchten, das Leben wieder in Gang zu bringen. Das Land war verwüstet, und es herrschte Mangel an allem. Doch der 21. Juni 1948 ging in die Geschichte ein, als »der Tag, an dem es alles wieder gab«. Mit einem Schlag waren die Geschäfte wieder voller Waren. Ludwig Erhard, der spätere Bundeswirtschaftsminister, hatte, ohne den Alliierten etwas zu sagen, quasi über Nacht, die staatlichen Preiskontrollen abgeschafft. Das war der Start für das deutsche Wirtschaftswunder und die soziale Marktwirtschaft.

Ganz wohl war dem amerikanischen General Lucius Clay bei der Abschaffung der Preiskontrollen nicht: »Herr Erhard, meine Berater berichten mir, dass Sie einen schrecklichen Fehler gemacht haben. Was sagen Sie dazu?« Und Ludwig Erhard erwiderte: »Herr General, schenken Sie dem keine Beachtung. Meine eigenen Berater erzählen mir das Gleiche.«

Doch der »Fehler« erwies sich als richtig. Der Wettbewerb und das knappe Geld ermöglichten einen beispiellosen wirtschaftlichen Aufschwung nach dem totalen Zusammenbruch. Schon zehn Jahre später war der »Wohlstand für alle«, den Ludwig Erhard erträumt hatte, Wirklichkeit. Das Erfolgsrezept waren das freie Zusammenspiel von Angebot und Nachfrage und eine Rahmenordnung, die den Wettbewerb fördert, das Unternehmertum stimuliert, aber Kartelle verhindert und die Schwachen stützt und schützt.

Ludwig Erhard war inspiriert vom Ordoliberalismus der Freiburger Schule. In den dreißiger Jahren hatten Wissenschaftler um Walter Eucken dieses Konzept entwickelt. Neben anderen standen auch Wilhelm Röpcke, Friedrich von Hayek und Alfred Müller-Armack diesen Ideen nahe. Ordoliberalismus und die christliche Soziallehre sind die Grundlagen der sozialen Marktwirtschaft, die wirtschaftliche Freiheit und soziale Verantwortung beziehungsweise sozialen Ausgleich umfasst. Soziale Marktwirtschaft meint die geordnete Freiheit des Menschen in politischem und wirtschaftlichem Feld, wobei die Person und die Personalität den obersten Wert bilden. Die soziale Marktwirtschaft ist das System, welches der menschlichen Natur am ehesten gerecht wird, mit einer größtmöglichen individuellen Freiheit, die aber auch stets auf die Freiheit des Mitmenschen und auf das Gemeinwohl hingeordnet sein muss. Der Eigennutz, das Streben nach mehr, die urmenschliche Eigenschaften sind, werden in geordnete Bahnen gelenkt.

Für Erhard gab es keinen Widerspruch zwischen freien Märkten und einem starken Staat. Freie Märkte machen die Wirtschaft stark und damit auch den Staat, der mit dem erwirtschafteten Solidarvermögen Risiken und individuelle Schwächen auffangen kann. Ein wesentliches Element war für Erhard die Eigenverantwortung der Bürger. Er wollte weg von der Herrschaft der Verbände und von der autoritären Wirtschafts- und Sozialpolitik, die die vorherigen Jahrzehnte geprägt hatten. Nun sollten freie Bürger im Leistungswettbewerb eigenverantwortlich ihr Schicksal gestalten. Der Staat sollte sich zurückhalten mit Eingriffen in die Wirtschaft und seine Bürger zur Eigenverantwortlichkeit anhalten. Gerade nach der Erfahrung des Nationalsozialismus zielte Erhard auf die individuelle Würde des Menschen ab: Indem der Bürger für sich selbst Verantwortung trägt, beweist er sich auch unabhängig von jedweder Gewalt. Insofern entspricht diese Wirtschaftsordnung und nur diese der politischen Ordnung der Demokratie.

Der Schwerpunkt liegt auf der Chancengerechtigkeit statt auf der Verteilungsgerechtigkeit – ein jeder sollte Zugang zu allen Bildungsmöglichkeiten haben, um in den Stand versetzt zu werden, seine Begabungen optimal zu entwickeln. Erhard blieb stets ein Mahner für die Eigenverantwortung und für die Freiheit: »Eine freiheitliche Wirtschaftsordnung kann auf die Dauer nur dann bestehen, wenn und solange auch im sozialen Leben der Nation ein Höchstmaß an Freiheit, an privater

Initiative und Selbstvorsorge gewährleistet ist. Wenn dagegen die Bemühungen der Sozialpolitik darauf abzielen, dem Menschen schon von der Stunde seiner Geburt an volle Sicherheit gegen alle Widrigkeiten des Lebens zu gewährleisten, d. h. ihn in einer absoluten Weise gegen die Wechselfälle des Lebens abschirmen zu wollen, dann kann man von solchen Menschen einfach nicht mehr verlangen, dass sie das Maß an Kraft, Leistung, Initiative und anderen besten menschlichen Werten entfalten, das für das Leben und die Zukunft der Nation schicksalhaft ist und darüber hinaus die Voraussetzung einer auf die Initiative der Persönlichkeit begründeten ›sozialen Marktwirtschaft‹ bietet. Auch muss auf die unlösbare Verbindung zwischen Wirtschafts- und Sozialpolitik aufmerksam gemacht werden: Tatsächlich sind umso weniger sozialpolitische Eingriffe und Hilfsmaßnahmen notwendig, je erfolgreicher die Wirtschaftspolitik gestaltet werden kann.«[17]

Verrat an Ludwid Erhards Werten?

Zum 60-jährigen Jubiläum hat die soziale Marktwirtschaft ihren Glanz verloren. Die Frage nach ihrer Zukunft stellt sich neu angesichts der Globalisierung, d. h. internationalisierter Wirtschaft, angesichts der Krise des Sozialsystems. In der Bevölkerung ist das Ansehen der sozialen Marktwirtschaft so gering wie noch nie zuvor. Nach einer Umfrage des Instituts für Demosko-

---

17 Ludwig Erhard: Wohlstand für alle. 8. Aufl., Düsseldorf 1964, S. 246

pie Allensbach im Jahr 2008 haben nur noch 38 Prozent eine gute Meinung von unserem Wirtschaftssystem. Im Lande des Exportweltmeisters ist die Furcht vor der Globalisierung besonders groß. Das Unbehagen ist bemerkenswert, denn im Moment geht es der Wirtschaft gut, und wir können ein befriedigendes Wachstum verzeichnen.

Wenn die Mehrheit der sozialen Marktwirtschaft gegenüber kritisch eingestellt ist, dann hat das seine Ursachen sicherlich auch in Missverständnissen, ist aber vor allem ein Ergebnis jahrzehntelanger Fehlentwicklungen. Die Globalisierung, der kalte Kapitalismus und das Bild des gierigen Managers dominieren auf der einen Seite. Die Kluft zwischen Arm und Reich wird immer größer. Auf der anderen Seite aber sehen wir ein Überborden des Sozialstaates, der nicht mehr weit entfernt ist vom Auslaufmodell Wohlfahrtsstaat. Der Anteil der Sozialleistungen am Bruttoinlandsprodukt ist auf ein Drittel angestiegen, d. h., es hat noch nie so viele soziale Transfers gegeben wie jetzt. Und doch herrscht subjektiv das Gefühl, dass die sozial Schwachen auf der Strecke bleiben.

So war das nicht gemeint von Ludwig Erhard. Wie im obigen Zitat gesagt, muss es ein Höchstmaß an Freiheit geben – Freiheit zur Eigenverantwortung. Übernimmt der Staat nun die Organisation der »vollen Sicherheit für alle Wechselfälle des Lebens«, warum sollte man sich dann selbst darum kümmern? Immer mehr Menschen leben ganz oder teilweise von staatlichen Transfers. Es ist nachvollziehbar, dass diese noch mehr Umverteilung haben wollen. Durch zu viel Fürsorglichkeit hat der Staat seinen Bürgern die Eigenverantwortung aberzogen. Und nicht nur das – wer selbst für sich sorgt, wird noch bestraft. Ein Selbständiger beispielsweise, der dem Staat in keinster Weise auf der Tasche liegt, sich selbst krankenversichert und die Altersvorsorge auch komplett selbst übernimmt, zahlt alle seine Sicherungsmaßnahmen aus der eigenen Tasche von bereits versteuertem Einkommen. Und will er dann später im Ruhestand von seinen Kapitalerträgen, von seinen Vorsorgemaßnahmen leben, dann muss er darauf auch noch Steuern bezahlen. Nicht die Eigenverantwortung ist also das gegenwärtige Ideal (trotz aller Sonntagsreden), sondern ein unmündiger, unselbständige Bürger mit »Papa Staat« als großzügigem Umverteiler. Noch einmal Erhard im Original: »Ich habe diese Flucht vor der Eigenverantwortung drastisch genug gekennzeichnet, wenn ich sagte, dass, falls diese Sucht weiter um sich greift, wir in eine gesellschaftliche Ordnung schlittern, in der *jeder die Hand in der Tasche des anderen hat.*«[18]

Die Suche nach Sicherheit durch den Staat und das bereitwillige Eingehen des Staates darauf haben das Gefühl für die Freiheit erstickt. Für die Entwicklung der Macht von Lobbygruppen waren diese Bedingungen ein fruchtbarer Dünger. Der Wunsch nach Absicherung aller Lebensrisiken hat eine fatale Eigendynamik der sozialen Sicherungssysteme verursacht. Und nun stehen wir vor dem Problem, dass diese bald kein Geld mehr haben werden.

18 Ludwig Erhard: Wohlstand für alle. 8. Aufl., Düsseldorf 1964, S. 248

Die Prinzipien der sozialen Marktwirtschaft haben sich eigentlich bewährt. Nur haben wir bereits seit langem keine soziale Marktwirtschaft im Erhardschen Sinne mehr. In seinem legendären Buch »Wohlstand für alle« warnte Erhard vor Fehlentwicklungen, die schon lange eingetroffen sind. Die Krise unseres Systems geht Hand in Hand mit der Krise der Demokratie. Die Tüchtigen fühlen sich ausgebeutet vom Staat, und die Armen fühlen sich ausgebeutet von den »Kapitalisten«. Das ist die »Hand in der Tasche des anderen«.

Wir haben, sogar in einem überschaubaren zeitlichen Rahmen, genügend Anschauungsmaterial über die verschiedensten Wirtschaftssysteme. Die ständestaatlichen Ordnungen der dreißiger Jahre haben sich nicht bewährt. Der sogenannte »dritte Weg« des Wohlfahrtsstaates in den skandinavischen Ländern war ein Irrweg, heute versuchen deren Regierungen unter großen Mühen, die Staatsfinanzen wieder in Ordnung zu bringen, vom berühmten schwedischen »Volksheim« spricht niemand mehr. Die Planwirtschaft der kommunistischen Regime hat zum materiellen Ruin dieser Volkswirtschaften und zum geistigen Ruin der Gesellschaften geführt.

Nach dem Fall des Eisernen Vorhangs konnten wir wieder den Wettstreit der Systeme beobachten. In einigen Ländern Osteuropas, vor allem aber in Russland, hat sich in den Jahren unmittelbar nach dem Fall des Kommunismus ein Raubtierkapitalismus breitgemacht, der in kurzer Zeit sehr wenigen zu sehr viel

Geld und Macht verholfen hat. Einige andere Länder haben sich mit einer freien Marktwirtschaft versucht, wie sie in den angelsächsischen Ländern praktiziert wird. Tschechien zum Beispiel hat seiner Bevölkerung sehr viel zugemutet, von sozialem Gewissen war da wenig zu spüren.

Das Konzept der sozialen Marktwirtschaft von Ludwig Erhard ist wirklich das beste. Back to the roots – zurück zu den Wurzeln? Allerdings haben wir heute (glücklicherweise) nicht mehr die gleichen Bedingungen wie 1948. Auf der einen Seite leben wir nicht in Trümmern zu einer Stunde null, in der alles, aber auch alles neu aufgebaut werden muss. Auf der anderen Seite ist in den Zeiten der Globalisierung eine Neuorientierung aber dringlicher denn je. Es ist in den vergangenen 60 Jahren Großartiges geleistet worde: der Aufbau Deutschlands aus den Trümmern des Zweiten Weltkriegs. Nach der deutschen Einheit im Jahr 1990 hat ein zweiter Kraftakt stattgefunden – der Aufbau der maroden Wirtschaft der ehemaligen DDR ist nur durch die fleißigen und tüchtigen Menschen gelungen und einem gemeinsamen Willen in Ost und West. Entgegen aller Unkenrufe bestehen die blühenden Landschaften. Wer einmal nach Sachsen oder Thüringen fährt, kann das bezeugen. Natürlich gibt es noch viel zu tun, aber auch im Westen gibt es strukturschwache Gebiete, sogar in Bayern.

Dennoch – wir müssen die Ursprünge wieder finden, und zwar unter neuen Vorzeichen. Den Prinzipien Freiheit und Verantwortung muß wieder Vorrang gegeben werden. Sie sind der Schlüssel zur Anerkennung des individuellen Wertes, der einzigartigen Würde des Menschen. Der Staat verhält sich ungerecht zu seinen Bürgern, wenn er sie zu unwürdigen Leistungsempfängern reduziert. Das lässt sie auch am Ende misstrauisch werden dem Staat gegenüber. »In Zeiten, in denen Unternehmen global handeln, aber Sozialpolitik national beschränkt bleibt, stellt das hohe Anforderungen an die Regierungskunst,« schreibt Holger Steltzner in der *FAZ*[19].

Das ist wohl wahr. Aber wenn sich der Staat sachte und behutsam aus seiner überbordenden Fürsorge zurückzieht, gibt er dem Bürger mehr Freiraum für sich selbst, für ihr Handeln und ihre Freiheit. Nicht zuletzt würde er dadurch die Wirtschaft stärken und deren soziale Verantwortung. Die Wirtschaft wiederum würde mit weniger staatlicher Einmischung besser leben und gedeihen. Heute gibt es etwa 85000 Vorschriften, die für ein Unternehmen von Belang sind. Als ich mit dem Jurastudium vor etwas mehr als 40 Jahren fertig war, waren es noch nicht einmal halb so viele. Vieles würde die Wirtschaft auf freiwillige Weise besser regeln als durch den heutigen staatlichen Zwang. Denn freiwillig sind wir stolz, Lösungen zu finden. Dem Zwang versuchen wir auszuweichen.

Der Schlüssel liegt in der Politik. Politiker sollten mehr Mut haben, auf Freiheit und Eigenverantwortung zu pochen. Sie sollten den Mut haben, auch einmal nein zu sagen gegenüber einem Lobbyisten, der laut schreit, gegenüber einem Partikularinteresse. Wir

19 *FAZ* 20. 6. 2008 »Mit Erhard in die Zukunft«

brauchen wieder eine langfristig wirkende Ordnungspolitik – hin zu einer wertbewussten Marktwirtschaft.

Allheilmittel Mindestlöhne?

Konstituierend für unsere soziale Marktwirtschaft ist die freie Preisbildung. Als Ludwig Erhard die Preiskontrolle aufhob, hat er eigentlich damit die Erfolgsstory der Bundesrepublik eingeläutet. Mit den Preisen ist aber auch der Preis für Arbeit gemeint. Die Tarifautonomie hat sich bewährt, und der Staat sollte sich tunlichst zurückhalten, in dieses System einzugreifen.

Das hat er aber getan. Im Jahr 2007 wurde erstmals ein gesetzlich vorgeschriebener Mindestlohn eingeführt – für die Angestellten der Deutschen Post. Heftige Proteste auf der einen Seite und großer Jubel auf der anderen haben dieses Vorgehen begleitet. Nun werden auch für andere Branchen Mindestlöhne gefordert. Man wolle Lohndumping verhindern und faire Löhne durchsetzen, so die Befürworter. Die sind aber die eigentlichen Populisten, denn was sich zunächst gut anhört, muss nicht zwangsläufig dann eintreffen.

Meines Erachtens ist das mehr als bedenklich. Der Mindestlohn hilft nicht den Arbeitnehmern, sondern im Gegenteil, er wird die Arbeitslosigkeit sogar noch erhöhen – und zwar genau bei denen, denen er helfen soll – bei den Geringqualifizierten, also bei denen, die nur eine schlechte oder gar keine Berufsausbildung haben.

Es soll hier nicht in die Feinheiten der Arbeitsmarktpolitik eingestiegen werden. Fakt ist aber, dass der Arbeitsmarkt bei uns in Deutschland viel zu überreguliert ist. An anderer Stelle wurde über die Regulierungswut des Staates bereits geschrieben. Arbeit ist bei uns mit hohen Kosten für denjenigen verbunden, der die Arbeitsplätze bereitstellt. Die Lohnnebenkosten in Deutschland gehören mit zu den höchsten weltweit. Hinzu kommt ein sehr strenger Kündigungsschutz, der in seinem ursprünglichen Sinn eine sehr gute Sache war, da niemand mehr von einem Augenblick zum nächsten auf die Straße gesetzt werden konnte. Allerdings ist der Kündigungsschutz heute so streng geworden, dass er großteils als Jobbremse wirkt, insofern, dass weniger Leute eingestellt werden. Wenn die Auftragslage gut ist, braucht man mehr Personal, wenn aber darauf eine »Saure-Gurken-Zeit« folgt, kann man die Löhne nicht mehr bezahlen, und das kann das ganze Unternehmen ins Schwanken bringen. In Dänemark hat man es vorgemacht, wie es anders gehen kann. Dort ist der Arbeitsmarkt weitgehend flexibilisiert worden, der Kündigungsschutz wurde gelockert, und im Zuge dessen ist die Arbeitslosenquote rapide gesunken. Die Arbeitnehmer sind auch flexibler und mobiler geworden, sind eher bereit, sich eine neue Arbeit zu suchen, und werden auch schneller eingestellt. Auch in Großbritannien, das gerne als Paradebeispiel für einen Mindestlohn herangezogen wird, gibt es einen hochflexiblen Arbeitsmarkt, daher ist die englische Situation nicht vergleichbar mit der deutschen. Wir müssen uns mehr um die kümmern, die keine Arbeit haben, nicht nur um die, die Arbeit haben.

Aber wir scheinen nicht von den Nachbarn zu lernen – auch Negativbeispiele schrecken nicht ab. In Frankreich hat der Mindestlohn deutlich zu negativen Beschäftigungseffekten geführt mit dem Ergebnis, dass die Jugendarbeitslosigkeit dort um über 50 Prozent höher liegt als bei uns. Was das für soziale Konsequenzen hat, kann sich jeder vorstellen.

Niedrige Löhne werden vor allem zu Beginn des Arbeitslebens gezahlt. Wenn nun der staatlich verordnete Lohn die Arbeit noch teurer macht, dann finden immer weniger junge Menschen ihren Weg in das Erwerbsleben. Die Kosten für die Arbeit sind dann zu hoch, und gerade kleinere Betriebe können diese Zusatzkosten nicht schultern.

Schon heute werden von den Unternehmen die hohen Kosten für Einfacharbeiten als ein Hauptargument dafür genannt, nicht mehr Arbeitsplätze für Geringqualifizierte anbieten zu können. Ein Mindestlohn würde dann gerade die Schwachen am Arbeitsmarkt dauerhaft ihre Chance nehmen, für ihren Lebensunterhalt so weit wie möglich selbst aufzukommen. Rund 40 Prozent der Arbeitslosen bei uns haben keine abgeschlossene Berufsausbildung. Für diese würde ein Mindestlohn schlimmstenfalls bedeuten, ein Leben lang vom Staat abhängig zu sein.

Letztendlich würde eine Verteuerung der Arbeit auch den Verbraucher belasten. Wenn die Arbeit teurer wird, dann wird am Ende auch das Produkt oder die Dienstleistung teurer. Wenn der Kunde einen höheren Preis für das eine Produkt bezahlen muss, kann er ein anderes Produkt eventuell gar nicht mehr kaufen.

Und wenn er sich entscheidet, dass es ihm überhaupt zu teuer ist, dann müssen die Unternehmen Arbeitsplätze abbauen und Arbeitnehmer freisetzen.

Der Post-Mindestlohn hat Schlagzeilen gemacht – in mehrfacher Hinsicht. Und seine Einführung kann man als exemplarisch dafür ansehen, was geschieht, wenn der Staat in die Preisbildung eingreift. Monatelang warb der Post-Chef bei allen Parteien um die Zulassung des Mindestlohns, was bei der SPD leichter war als bei der Union – die schließlich, nachdem sie nachgegeben hatte, auch reichlich Kritik einstecken musste. Manche interpretieren den Kampf der Post um ihren Mindestlohn auch damit, dass sich die Post damit lästige Konkurrenten vom Hals schaffen wollte (und geschafft hat).

Ein Schelm, wer Böses dabei denkt! Aber zum 1. Januar 2008 ist das Postmonopol gefallen. Und die beiden großen Herausforderer der Post, die TNT und die Pin, die große Offensiven starten wollten, konnten nun auf einmal aufgrund der um 30 Prozent gestiegenen Lohnkosten nicht mehr mithalten. Beide hatten millionenschwere Investitionen und zahlreiche neue Arbeitsplätze geplant, um sich als konkurrenzfähige Gegenpole zur Post aufzubauen. Konkurrenz belebt das Geschäft – das haben wir doch erlebt bei der Liberalisierung des Telekommunikationsmarktes, wo wir uns als Verbraucher über purzelnde Preise und besseren Service erfreuen können. Das alles bleibt nun in der Briefbranche aus.

Den Schaden also tragen die Arbeitnehmer, die bei der Postkonkurrenz entlassen werden mussten, sowie diejenigen, die gar nicht erst eingestellt wurden, und letzten Endes wir alle als Endverbraucher.

Hans Werner Sinn vom Münchner IFO-Institut hat in diesem Zusammenhang davon gesprochen, dass das Jahr 2007 als »Zeitenwende in die deutsche Geschichte eingehen (wird), denn in diesem Jahr hat sich Deutschland von der sozialen Marktwirtschaft verabschiedet, wie sie von Ludwig Erhard geprägt wurde. Bislang galt in Deutschland das ordnungspolitische Credo, dass eine Marktwirtschaft freie Preise braucht, weil Preise ihr zentrales Lenkungsinstrument sind. Maßnahmen zur Korrektur der Einkommensverteilung sind möglich und nötig, dürfen sich aber nur fiskalischer Instrumente bedienen. Dieses Credo gilt nun nicht mehr.«[20]

Sicherlich ist der ein oder andere Befürworter des Mindestlohns von der Suche nach mehr Gerechtigkeit geprägt. Aber gerade das Beispiel Post zeigt deutlich, wie ein Partikularinteresse dem Gemeinwohl schadet und vor allem denen, die am dringendsten eine Chance brauchen, den sonst chancenlosen Geringqualifizierten.

Die Politik sollte vielmehr ihre Situation mit Maßnahmen verbessern, die den Einstieg in die Arbeit erleichtern; das wären kurzfristig z. B. niedrigere Arbeitskosten und mehr Spielraum beim Kündigungsschutz. Langfristig können nur bessere Bildung und Ausbildung den Weg zu höheren Einkommen und langen Arbeitsverhältnissen ebnen. Oder wie es der Augsburger

---

20 Hans Werner Sinn: »Der dümmste Spruch des Jahres«. In: *Süddeutsche Zeitung*, 28. 12. 2007

Weihbischof Losinger formuliert: »Früher war die soziale Frage die zwischen Arbeit und Kapital, heute ist es die zwischen Wissen und Nichtwissen.«[21]

Bildung schafft Zukunft

Es steht schlecht um unsere Schulen

Lange Zeit hat Deutschland im Bereich von Bildung und Ausbildung Herausragendes geleistet. Seine Schulen, Hochschulen, Universitäten, das duale Ausbildungssystem hatten internationalen Modellcharakter. Deutschland war einst nicht nur das Land der Dichter und Denker, sondern hat auch hervorragende Wissenschaftler hervorgebracht. Doch mittlerweile sind wir nur noch Schlusslicht im internationalen Vergleich. Die PISA-Studie hat erschreckend gezeigt, dass die deutschen Schüler nicht das können, was sie können müssten, und nicht das lernen, was sie lernen müssten. Hektisch wurden Kommissionen ins Leben gerufen, um den Ursachen auf den Grund zu gehen und Besserung zu schaffen.

Doch schient mir das nur ein wenig zielbringendes Herumlaborieren an einem kranken System. Das PISA-Desaster scheint zwar immer wieder in den Medien und in der allgemeinen Diskussion auf, aber eine große Debatte um die Bildung und Ausbildung unserer Kinder und Jugendlichen wird vermisst. Einzelne Maßnah-

21 In: *Die Tagespost*, 21. 6. 2008, »Hat die soziale Marktwirtschaft Zukunft?«

men werden getroffen und die Bildung zu einem hohen Gut erklärt. Gelder werden freigesetzt, um unseren Schulen auf Vordermann zu helfen, aber immer noch verzeichnen wir einen massiven Lehrermangel und damit Unterrichtsausfall. Aber dass mehr als ein Viertel aller Hauptschüler ihren Abschluss nicht schaffen und sich nur ein Fünftel aller Hauptschulabgänger gut auf die Ausbildung vorbereitet fühlen, kann nicht alleine am Geld liegen. Ausbildungsleiter, Personalchefs und Universitätsprofessoren beklagen gleichermaßen die mangelnden Rechtschreibkenntnisse junger Leute. Nun muss jemand, der eine Ausbildung zum Elektriker macht, beileibe nicht die Feinheiten der deutschen Rechtschreibung beherrschen, aber einen fehlerfreien Brief sollte er doch schreiben können. Man kann mit Fug und Recht jedoch von einem Studienanfänger erwarten, dass er seine Muttersprache beherrscht. Wir dürfen das nicht den jungen Leuten zum Vorwurf machen, vielmehr zeigen sich hier die Defizite von Erziehung und Schule, die ihren klassischen Aufgaben nicht mehr nachkommen.

Schulen wie die Rütli-Schule[22] in Berlin-Neukölln sind leider kein Einzelfall mehr. Es gibt sie überall, nicht nur in Großstädten. Und es muss kein solches Extrembeispiel bemüht werden, um zu erkennen, dass in solchen

22 Die Rütli-Schule ist eine Hauptschule in Berlin-Neukölln. Im Schuljahr 2005/2006 hatte sie 267 Schüler. Die Schule wurde bundesweit bekannt, als Lehrer im März 2006 der Senatsverwaltung Berlin in einem Brandbrief angeblich die Auflösung der Schule in dieser Zusammensetzung verlangten, weil sie der Gewalt durch Schüler nicht mehr standhalten könnten. Dies führte zu einer innenpolitischen Debatte über das Schulsystem in Deutschland, der Gewalt an Schulen und der Integration von Immigrantenkindern.

Institutionen zahlreiche Jugendliche auf Zukunftslosigkeit programmiert werden. Natürlich hat es immer lernresistente Jugendliche gegeben und wird es auch immer geben, doch die Mehrheit unserer Kinder ist lernwillig, und ihnen sollte doch die Möglichkeit gegeben werden. Besonders all jenen, die aus schwierigen Milieus kommen, wo sich die Eltern wenig um sie kümmern können. Denn auch im Bildungsbereich besteht schon seit einiger Zeit eine Zwei-Klassen-Gesellschaft: Eltern, die es sich leisten können, schicken ihre Kinder auf private Schulen, wo sie sicher sein können, dass ihr Nachwuchs nach seinen Talenten und Begabungen entsprechend gefördert wird. Aus manchem lernschwachen Kind ist da schon ein kleiner Alleskönner geworden.

In unseren öffentlichen Schulen sucht man diese individuelle Förderung vergeblich. Bei der Fülle des Lehrstoffs beleibt unseren Lehrern kaum genug Zeit zur individuellen Gestaltung des Unterrichts. Der Lehrerberuf ist der mit einer der höchsten Frühpensionierungsquoten, die es gibt. In einer Schulklasse befinden sich meist zwei bis drei Störenfriede, die im schlimmsten Falle die ganze Klasse mitziehen und damit aufhalten und den Lehrer an den Rand der Erschöpfung bringen. Es ist aber auch möglich, den Störenfried und den Rabauken zu integrieren, wenn man seiner Haltung auf den Grund geht. Schule soll eben nicht nur eine Anstalt zur Vermittlung von Wissen sein. Kinder und Jugendliche wollen Achtung und Zuwendung genießen, auch in der Schule und durch die Lehrer. Kaum wird sich ein Lehrer jemals an all seine Schüler zurückerinnern, aber jeder erinnert sich zeit seines Lebens an jene Lehrer, die ihn besonders gefördert haben oder die ihm besonders zugesetzt haben. Aber im Allgemeinen ist in unseren Schulen eine besondere Förderung von lernschwachen Kindern – aber auch von Hochbegabten – nicht selbstverständlich.

Bildung fängt früh an und hört nie auf

Wenn wir über die verschiedensten Probleme diskutieren, die unsere Gesellschaft an einer positiven Entwicklung hindern, dann taucht immer wieder das Thema Bildung auf. Ob es die Jugendarbeitslosigkeit ist, die Arbeitslosigkeit Geringqualifizierter, die Problematiken an sozialen Brennpunkten, die Zukunftsfähigkeit von Abiturienten, der Mangel an Facharbeitern, dann sehen wir immer, wie wichtig Bildung und Ausbildung sind. Der globale Wettbewerb ist nicht zuletzt auch ein Wettbewerb der verschiedenen Bildungssysteme.

Es wird viel debattiert über die Chancengleichheit – aber diese kann nur garantiert werden, wenn jeder die Chance zu guten Bildungsmöglichkeiten hat und auch den Zugang dazu. Dazu reicht es nicht nur, zu fordern, dass mehr Arbeiterkinder auf die Universität gehen sollen, sondern man muss ihnen auch das nötige Rüstzeug dazu geben, damit sie auf die Universität gehen und dort bestehen können. Bildung fängt früh an, nämlich schon in der Grundschule mit dem Erlernen von Lesen, Schreiben und Rechnen. Von einem Kind, das nicht gut lernt, kann man schlecht erwarten, dass es später auf die Universität gehen wird.

Bei guter Bildung muss der Mensch stets im Mittelpunkt stehen. Die Bedürfnisse des Arbeitsmarktes und der Wirtschaft dürfen da zunächst keine Rolle spielen, sondern die Entwicklungen der individuellen Begabungen. Jeder kann etwas besonders gut, jeder hat seine eigenen Talente. Und er soll auch die Möglichkeit haben, diese Begabungen und Talente zu entwickeln und damit zu arbeiten. In einem alten Epos steht: »Wie man eine Rebe bindet, statt dass sie im Staub zu kriechen, frei sich in die Lüfte windet.« Wenn wir also den Kindern und jungen Erwachsenen die Möglichkeiten geben, helfen wir ihnen, sich am besten zu entwickeln. Letzten Endes hilft eine gute Bildung auch Kindern aus sozial benachteiligten Milieus – damit haben sie die besten Chancen, gar nicht erst in den Sozialhilfekarrieren ihrer Eltern hängenzubleiben. Sie bekommen damit auch ein Stück ihrer Würde zurück, wenn sie dann in der Lage sind, auf eigenen Füßen zu stehen.

Lernen ist auch eine lebenslange Aufgabe. Wissenschaft und Technik entwickeln sich ständig weiter. Was heute noch gilt, kann morgen schon überholt sein. Daher spielt auch die berufliche Weiterbildung eine Rolle. In Deutschland nehmen derzeit nur 12 Prozent der Arbeitnehmer die Möglichkeiten zur beruflichen Weiterbildung wahr. Manchmal reicht aber der vor 20 Jahren gemachte Abschluss nicht mehr aus – zumal in Zeiten, in denen es die Lebensstellung – das ganze Berufsleben in einem Betrieb – immer seltener gibt. Wir müssen Anreize schaffen, sowohl bei Arbeitnehmern als auch Arbeitgebern, die Möglichkeiten zur Weiterbildung stärker zu nutzen.

Im Prinzip können wir auch im Bildungssektor auf Bekanntes zurückgreifen. Es mögen sich zwar viele Lerninhalte geändert haben, aber die Bildungsprinzipien sind die gleichen wie vor Hunderten von Jahren. Der Schweizer Pädagoge Johann Heinrich Pestalozzi[23] hat schon früh gefordert, dass die Ausbildung eines Menschen Kopf, Hand und Herz erfassen muss, d.h. Wissen, Können und Wollen. Mit dieser Kurzformel hat Pestalozzi das Wesentliche ausgedrückt: Die Ausbildung muss den ganzen Menschen erfassen und seiner ganzen Persönlichkeit Rechnung tragen, sie muss die dreifache Anlage des Menschen berücksichtigen.

Der Kopf ist zum Denken da, er darf nicht mit andressiertem Wissen vollgestopft werden. Ist wirklich alles, was heute in den Schulen gelehrt wird, nützlich? Lernen die Schüler selbständiges Denken oder nur unselbständiges Wiedergeben? Werden die Kinder von der Schule zum Lesen von Büchern animiert? Jeder von uns hat einige Bücher, von denen er sagt, dass sie ihn beeinflusst haben in seinem Denken. Auch die technischen Möglichkeiten sollen nicht außer Acht gelassen werden. Wie viele Schulen haben wirklich eine ernstzunehmende Computerausstattung, mittels deren

---

23 Johann Heinrich Pestalozzi (1746–1827) ist ein Kind der Aufklärung. Die anfangs begrüßte Französische Revolution lehnte er später ab und entwikkelt daraufhin ein etwas nüchterneres Menschenbild. Er distanziert sich schon früh vom Deismus der Aufklärung und thematisiert Gott als Vater; eine Beziehung, die er anfangs als dem Menschen natürlich mitgegebene, später aber als wesentliches Ziel seiner Elementar- und Menschenbildung ansieht.

den Schülern beigebracht werden kann, dass Computer auch zu etwas anderem genutzt werden können als Spielen? Das Internet bietet unendliche Möglichkeiten zur Information – wird den Schülern genügend beigebracht, wie sie dieses Medium zielbringend nutzen können?

Die Hand steht für handwerkliche Geschicklichkeit – vor allem aber für Kreativität, also aus vorhandenem Wissen etwas Neues zu machen und zu gestalten. Wird heute die Kreativität entsprechend gefördert? Die handwerklichen Fähigkeiten scheinen zu wenig genutzt zu werden. Und am Ende gehen viele junge Menschen auf die Universität, obwohl sie in einem handwerklichen Beruf wesentlich besser aufgehoben und später auch viel glücklicher wären.

Und schließlich die Bildung des Herzens. Daran mangelt es am meisten in unserem Ausbildungssystem. Herzensbildung ist maßgeblich für Persönlichkeit und Charakter. Sie bezieht sich auf den Umgang miteinander und auch auf den verantwortungsbewussten Umgang mit den uns anvertrauten Gütern, auch der Schöpfung. Es reicht nicht, den Jugendlichen nahezulegen, für die armen Kinder in der Dritten Welt zu spenden, wenn gleichzeitig die eigene kranke Großmutter vernachlässigt wird. Das wenige an Religionsunterricht reicht dazu nicht aus.

Nach Pestalozzi kommt dem Herzen bzw. dem Wollen der Vorrang zu, denn das Wollen ist Voraussetzung für das Kennen (Kopf) und das Können (Hand). Durch seine damit ermöglichten schöpferischen Fähigkeiten wird der Mensch so zum Ebenbild Gottes. Das Lernen soll der Gewinnung klarer Begriffe, die Erziehung der individuellen und sukzessiven Ausbildung der Menschennatur in ihrer Ganzheit dienen.

Herzensbildung ist der Schlüssel zu einem gedeihlichen Miteinander in unserer Gesellschaft. Vielerorts wird die Gleichgültigkeit der Menschen heute beklagt. Mitunter braucht man nur einmal S-Bahn zu fahren, um sich diesbezüglich Anschauungsmaterial zu holen. Wo wird noch einer jungen Mutter, schwer beladen mit Taschen und einem Kinderwagen, die Treppe heraufgeholfen oder einem alten Mann in die S-Bahn hinein? Da bleibt auch so manch akademisch Ausgebildeter sitzen und schaut weg. Herzensbildung lässt uns Respekt und Achtung vor dem Gegenüber lernen. Und das zahlt sich aus – von der S-Bahn bis in die Chefetagen hinein. Wissen und Herzensbildung müssen zusammenspielen – dann kann der Mensch auch verantwortungsbewusst handeln und wird es auch tun.

Was PISA uns lehrt

Ein Klassiker der Sprüche aus der Wirtschaft kann auch für die Schulen gelten: »Konkurrenz belebt das Geschäft.« Warum gibt es eigentlich immer noch keine verbindlichen Qualitätskontrollen für die Ausbildungsstätten unserer Kinder? Es wäre nicht so schwierig, für die Schulen gleich geltende Qualitätsstandards einzuführen, die regelmäßig überprüft und veröffentlicht würden. Wie ist der Unterricht, wie engagiert sind die Lehrer, werden die Kinder individuell gefördert, welche Angebote für die kreative Entwicklung gibt es, wie ist der Zustand des Lehrmaterials? Es ist interessant zu sehen, dass im Allgemeinen die Ernährung der Kinder und Jugendlichen kaum gut genug sein kann, man sich aber mit der Ausbildung nicht annähernd so viel Mühe gibt.

Als vor einigen Jahren die PISA-Studie erschien, war im Lande der Dichter und Denker das Erschrecken über die schlechten Standards in unseren Schulen groß. Wenn die Schaffung von Chancengleichheit das große Ziel unserer Bildungspolitik sein soll, dann wird dieses Ziel verfehlt. Es ist bereits gesagt worden, dass Bildung früh anfängt, also mit der Vermittlung der elementaren Fähigkeiten von Lesen, Schreiben und Rechnen. Die Grundschule ist dazu da, diese Kenntnisse den Kindern beizubringen. Es gibt aber Hauptschüler, die sechs Jahre später immer noch keinen deutschen Satz zustande bringen. Auch bei Gymnasiasten ist es nicht ungewöhnlich, wenn sie mit ihrer Muttersprache nicht richtig umgehen können, was nicht unbedingt der Rechtschreibreform anzulasten ist, über deren Sinn gesondert zu diskutieren wäre.

Für viele überraschend hat Finnland in der PISA-Studie am besten abgeschnitten. Das hat einige Bildungspolitiker hier dazu veranlasst, wieder lauter nach der Einführung der Gesamtschule für alle zu rufen, da doch die finnischen Schulen Gesamtschulen seien. Das ist aber ein Fehlschluss. Die Gesamtschulen in Finnland haben mit den deutschen lediglich den Namen gemein. Außerdem kann man die Verhältnisse in einem dünn besiedelten Land wie Finnland mit fünf Millionen Einwohnern nicht so ohne weiteres auf Deutschland mit seinen 80 Millionen Einwohnern übertragen. Aber wenn wir uns das Schulwesen im Norden der Ostsee einmal genauer anschauen, dann können wir sehr wohl einige Anregungen für das unsrige übernehmen. Zwei der wichtigsten: eigene Schulprofile und ein durchgängiges Fördersystem für jeden Schüler! Jukka Sarjala, der Präsident des Zentralrates für Unterrichtswesen, drückt dies so aus: »Wir brauchen hier jeden, hoffnungslose Fälle können wir uns nicht leisten!«

In Finnland bleibt niemand sitzen. An jeder Schule gibt es pro Klassenzug mindestens einen Speziallehrer oder eine Speziallehrerin, die zumeist noch über eine pädagogische Sonderausbildung in Methodik, nicht selten auch in Logopädie verfügt. Fällt der Klassenlehrerin auf, dass ein Kind eine Lernschwäche hat, so teilt sie dies der Spezialkollegin mit und bespricht sich mit ihr genau über das weitere Vorgehen. Das Kind erhält dann so lange Einzelunterricht von der Speziallehrerin, bis es auf dem gleichen Stand ist wie seine Klassenkameraden. Das heißt, dass Lernschwächen sofort ausgebügelt werden. Dieses Förderprogramm nutzen jährlich 16 bis 17 Prozent aller Schüler. Bedenkt man, dass in Deutschland rund 4 Prozent aller Schüler auf eine Sonderschule gehen, dann erhalten (nach der finnischen Vergleichszahl) rund 14 Prozent keine didaktische Sonderförderung. Man braucht sich also nicht zu wundern, wenn nicht alle Kinder nach der Grundschule richtig lesen und schreiben können. Natürlich hat Finnland nicht den Ausländeranteil wie Deutschland, aber kein ausländisches Kind kommt in die Schule, wenn es nicht zumindest eine der beiden Landessprachen[24] beherrscht.

Aus diesen Beobachtungen können wir folgende Schlüsse ziehen: Schwachen Schülern kann und muss systematisch geholfen werden, und das bereits in der Grundschule, denn dort werden die Fundamente für jede weitere Bildung gelegt. Und wenn ausländische Kinder in der Grundschule zum ersten Mal mit der deutschen Sprache in Berührung kommen, dann ist es bereits zu spät. Wir müssen also dafür sorgen, dass Immigrantenkinder ihre Schulkarriere mit guten Deutschkenntnissen bei uns starten können.

Ein weiterer Punkt ist an Finnland interessant: Die Schulen haben eine weitgehende Autonomie und sind dadurch in der Lage, eigene Profile zu entwickeln. Die Gemeinden sind die Träger der Schulen, Lehrer sind keine Beamten, d. h., sie können nach Bedarf eingestellt werden. Jede Schule kann damit ihre eigenen Schwerpunkte setzen und sich auch eigene Qualifikationen erwerben. Es gibt Schulen, die besonders musisch orientiert sind, und welche, die besonders sportlich orientiert sind. Die Einhaltung des Bildungsstandards wird durch ein scharfes Zentralabitur gewährleistet. Dadurch können die Schulen, auch wenn sie nach außen sehr einheitlich ausschauen, extrem verschieden sein. Die Eltern können auswählen, was sie für ihr Kind bevorzugen. Dadurch entsteht ein Wettbewerb, der, wie wir sehen, zur Verbesserung der gesamten Bildung beiträgt.

24 Landessprachen Finnlands sind Finnisch und Schwedisch.

Das humanistische Bildungsideal halte ich nach wie vor für eine ausgezeichnete gute Basis für das Leben. Es ist doch interessant, dass viele der großen Naturwissenschaftler eigentlich vom humanistischen Gymnasium kommen. Meines Erachtens kann es auch nicht schaden, das alte humanistische Bildungsideal wieder etwas stärker zu pflegen. Es mag vielleicht altmodisch klingen, aber das Erlernen von Gedichten war Bildung in konzentrierter Form. Auf einen Schlag wurden gleich mehrere Dinge vermittelt: Die Kenntnis des Gedichts oder der Ballade selbst, Weisheiten, die darin niedergeschrieben sind, das Gedächtnis trainiert und schließlich das Sprachgefühl gefördert. Die Freude an der Schönheit der Sprache[25] wird immer mehr zurückgedrängt, auch in dem Bestreben, den Kindern möglichst viele Fremdsprachen möglichst früh beizubringen. Es wird dabei versäumt, dass sie eine Muttersprache haben, in der sie sich heimisch fühlen, und sie auch beherrschen sollen. Es ist ein Unterschied, ob ich nur meine Lebensnotwendigkeiten ausdrücken will, da komme ich mit einem geringen Wortschatz zurecht, oder ob ich eben die Schönheit der Sprache auf einem höheren Niveau finde.

Fremdsprachen sind ausgesprochen wichtig, und man kann sie nicht gut genug beherrschen. Ein Fehler ist es aber, Kinder zu früh mit einer anderen Sprache zu

---

25 Im Übrigen ist es in diesem Zusammenhang bedauerlich, dass die Mundarten immer mehr verdrängt werden. Dialekte können viel reichhaltiger und auch nuancenreicher sein als die Schriftsprache.

überlasten, bevor sie die eigene Muttersprache beherrschen. Kinder haben verschiedene Entwicklungsstufen, und auch die müssen beim Lernen berücksichtigt werden. Ich gehe davon aus, dass ein Kind pro Tag eine Summe X von Informationen aufnehmen und davon einen Teil speichern kann. Und je schneller es in einer Sprache heimisch ist und eine Basis hat, umso leichter kann es darauf aufbauen. Das war und ist der Sinn des Lateinlernens – um in einer überschaubaren Grammatik und Sprache heimisch zu sein, aus der sich dann vieles andere ergibt. Wenn man von klein an auf vielen Hochzeiten tanzt, dann kann man sich vielleicht in einigen Sprachen ausdrücken. Aber die Tiefe geht so verloren. Sprache ist viel mehr als reine Kommunikationsfähigkeit.

Sprache ist das kulturelle Gedächtnis und Vermächtnis einer Nation. Schaut man sich beispielsweise »Wilhelm Tell« von Schiller an – er ist gespickt mit Redewendungen, die bis heute gebräuchlich sind. Durch solche Kernsätze ist in kurzer Zeit viel mehr ausgedrückt, als wenn man es lange umschreiben müsste. »Die Axt im Haus erspart den Zimmermann« – wenn man das jetzt anders ausdrücken müsste: »Wenn jemand handwerklich entsprechend fähig ist und das nötige Werkzeug zu Hause hat, dann kann er darauf verzichten, sich den ohnehin schwer erreichbaren Handwerker zu bestellen, um eine Reparatur vorzunehmen.« Viel kürzer kann man es wohl sonst nicht ausdrücken. Es ist ein unglaublicher Schatz, der in solchen Dingen steckt. Und die Dichter haben das auch nicht aus der Luft gegriffen, sondern dem Volk »aufs Maul« geschaut. Alleine im Prolog vom Faust stecken so viele bis heute gebräuchliche Redewendungen – es wäre traurig, wenn wir diesen Schatz unseren jungen Menschen vorenthalten würden.

Natürlich ist das anspruchsvoller als beispielsweise die Interpretation eines Songtextes von Madonna oder anderen Pop-Idolen. Aber wir sollen die jungen Menschen auch fordern. Bildung braucht Anstrengung. Und wenn in der Schule positiv motiviert wird, dann werden die Jugendlichen diese Leistung auch gerne bringen.

Erziehung zu Kreativität und Intuition

Als jemand, der selbst auch künstlerisch tätig ist – malend und musizierend –, liegt mir selbstverständlich die musische Erziehung am Herzen. Wenn gewisse Dinge in den Schulen nicht mehr unterrichtet werden, gehen sie für breite Schichten verloren. Zum Beispiel das Singen – früher wurde in der Volksschule noch mehr gesungen. Damit haben die Kinder auch das Liedgut ihrer Region kennengelernt. Es gibt so viele schöne Volkslieder mit schönen Rhythmen, und es ist schade, dass das nun langsam verlorengeht. Die Deutschen waren einmal ein sangesfreudiges Volk – aber leider wird der klassische Männerchor »Eintracht« heute arg belächelt. Solche Chöre haben große Nachwuchssorgen. Vor einiger Zeit habe ich einen Vortrag im Württembergischen gehalten – und da sang ein Männerchor, der aus lauter pensionierten Bäckern bestand. Es ist doch eigentlich großartig, wie diese Menschen kulturell tätig sind. Der Nachwuchs in der Kunst kommt nicht unbedingt immer von künstlerisch tätigen Eltern, sondern vielfach von dort, wo man es nicht erwartet. Und gerade die amateurhaft geprägte Kunst ist oft die Basis für die professionelle Kunst. Wie viele große Künstler kommen aus kleinsten Verhältnissen! Enrico Caruso stammte aus einer armen und kinderreichen Familie. Auch erinnere ich mich an eine Familie eines Verwalters in unserer Landwirtschaft, deren Kindern ich Instrumente geschenkt habe: eine Ziehharmonika, ein Hackbrett, eine Zither und eine Gitarre. Sie alle haben das Instrument gelernt, obwohl die Eltern selbst kein Instrument spielen konnten. Schlussendlich sind sie eine Volksmusikgruppe geworden, die auch heute noch als Erwachsene auftreten. Einer von ihnen gilt heute in Bayern als einer der bedeutendsten Lehrer für diatonische Ziehharmonika. Dies ist alles entstanden, weil diese Kinder mit den Instrumenten und der Musik in Berührung gekommen sind.

Wenn das Musizieren nicht gefördert wird, dann geht auch sehr viel Kultur verloren. Zahlreiche Komponisten haben ihre Inspiration aus der Volksmusik bezogen, bei Gustav Mahler und Franz Schubert finden wir diese Inspirationen vor allem. Oder das berühmte »O Haupt voll Blut und Wunden« von Johann Sebastian Bach – das war vorher ein Liebeslied.

In Baden-Württemberg gibt es eine Grundschule, in der die kleinen Kinder schon die Haydn-Schöpfung singen, ein einmaliger Fall! Wenn man Kinder früh mit

Musik in Berührung bringt, dann gibt es erstaunliche Nebeneffekte: Die Musik fördert die Intelligenz und die Sprachentwicklung, das sagt uns die moderne Hirnforschung. Die musikalische Bildung der Kinder umfasst viel mehr als Sing- und Sprachfähigkeit, sie bedeutet auch das Eintauchen in eine kulturelle Lebenswelt und in die Tradition. Musik und Kunst bringen die Vernunft und das Gefühl zusammen, und das ist gut für die individuelle Kreativität und die Intuition.

Schulen haben eine große Aufgabe

In einem Land, das über keine nennenswerten Bodenschätze verfügt, entscheidet nicht zuletzt die gute Ausbildung und Qualifikation seiner Bürger über seine Zukunft. Ein gutes Bildungssystem erhöht die Leistungsfähigkeit und Einkommenschancen der Menschen. Es ist daher erstaunlich, dass sich Deutschland auch vor dem Hintergrund der demographischen Entwicklung immer noch zahlreiche Schul- und Studienabbrecher und Menschen ohne Ausbildung und Erwerb leistet. In nur wenigen Jahren werden nicht mehr genügend gut ausgebildete junge Menschen da sein, um diejenigen zu ersetzen, die aus dem Berufsleben ausscheiden.

In den neuen Bundesländern können wir bereits Anschauungsunterricht nehmen, wie es aussehen wird: Zu wenig Hausärzte, zu wenig Ingenieure, zu wenig Facharbeiter, ganze Landstriche mit Städten und Dörfern mit einer überalterten Bevölkerung ohne nennenswerte Wirtschaftsleistung, d. h. ohne gute Einkommen und entsprechende Lebensqualität. Am Ende leidet alles: die Innovationsfähigkeit, die Produktionsfähigkeit bis hin zu Dienstleistungen, die nicht mehr erbracht werden können. Damit einher geht eine geschwächte Infrastruktur. Und es sinkt die Zahl jener, die mit ihren Steuern und Abgaben die Rentner finanzieren.

Der Schlüssel zur Lösung dieser Probleme ist vor allem ein besseres Bildungssystem – von den Schulen, von den Hochschulen über die praktische Ausbildung bis hin zur beruflichen Weiterqualifizierung. Schulen und Hochschulen sollten stärker in die Verantwortung für die Qualität ihrer Bildungsleistungen genommen werden. Man könnte Mittelzuweisungen an bestimmte Entwicklungsziele binden, zwischen den Bildungseinrichtungen kann mehr Wettbewerb herrschen, der dann auch die Qualität steigern würde. Waren einst die Ausbildungsstellen knapp, so wird es schon in wenigen Jahren umgekehrt sein. Im Jahr 2020 wird es deutschlandweit 20 Prozent weniger Schulabgänger geben als im Jahr 2007, in Ostdeutschland sogar ein Drittel weniger. Die Schülerzahlen brechen bereits massiv ein. Aber heute ist schon die Ausbildungsfähigkeit vieler Bewerber mangelhaft, im vergangenen Jahr konnten allein 12 Prozent aller Unternehmen nicht alle Ausbildungsplätze besetzen, da es an geeigneten Bewerbern fehlte. Da haben die Schulen eine große Aufgabe. Wenn Bildung als Ziel über der Ausbildung steht, dann werden wir die Zukunft besser meistern.

Eine gute Ausbildung und gute Abschlüsse sind wichtig – und werden in unserer hochtechnisierten Gesellschaft immer wichtiger. Wir haben viele Menschen, die keinen Schulabschluss oder keine Ausbildung haben, um die wir uns kümmern müssen. Besonders betroffen sind Kinder und Jugendliche aus Migrantenfamilien. Fast jeder fünfte ausländische Jugendliche hat keinen Schulabschluss, und 40 Prozent der Jugendlichen mit Migrationshintergrund haben keine abgeschlossene Ausbildung. Wir können es uns nicht leisten, an diesem Problem vorbeizuschauen. Es spielt auch für deren Integration eine Rolle, ob sie sich in einem Beruf bei uns wohl fühlen oder auf der Straße stehen.

Und es ist möglich, auch ihnen eine Chance zu geben. Wenn wir es versäumen, diesen jungen Leuten eine Chance zu geben, ihre Tüchtigkeit in einem Betrieb, in einem Beruf zu zeigen, dann werden sie am Ende ihre Tüchtigkeit bei Schlägereien auf der Straße zeigen. Es gibt viele Möglichkeiten mit einfachen Tätigkeiten, die eben nicht eine komplizierte Ausbildungszeit erfordern. Ein Botenfahrer beispielsweise braucht keinen qualifizierten Abschluss, er muss in Aussehen und Auftreten einen ordentlichen Eindruck vermitteln und pünktlich seinen Auftrag ausführen können. Dazu braucht er keine drei Jahre Lehrzeit. Junge Leute, die die Hauptschule nicht schaffen, die können auf anderen Gebieten etwas leisten. Wir können ihnen ermöglichen, den Lastwagenführerschein zu machen. Damit lernen sie dann, mit einer teuren, mit Gefahr verbundenen Maschine umzugehen, und werden später auch eine stationäre Maschine ganz anders behandeln als jemand, der das nicht gelernt hat. Wir sind auf diesem ganzen Gebiet der kleinen Jobs viel zu bürokratisch. Ein anders Beispiel: Es war früher durchaus üblich, dass ganz normale Durchschnittsfamilien Angestellte hatten. Wir haben früher, als ich noch ein Kind war, durchaus bescheiden gelebt, aber bei uns hat auch ein Kindermädchen gewohnt, im gleichen Zimmer wie wir Kinder, weil es anders nicht ging. Es waren noch eine Köchin und ein Fahrer da. Wo gibt es das heute noch? Es ist heute doch schon so kompliziert, eine Haushaltshilfe oder eine Putzhilfe anzumelden, dabei könnte man damit unglaublich vielen Menschen Arbeit geben.

Es liegt also an uns, den jungen Leuten ohne Ausbildung eine Perspektive zu geben. Mancher eignet sich eben nicht für eine Ausbildung, aber auch der soll etwas tun können. Und wenn jemand aus schwierigen Verhältnissen kommt, dann kann auch eine einfache Tätigkeit ihm helfen, sich aus diesen Verhältnissen herauszuarbeiten, anstatt dass er durch die Sozialhilfe weiter alimentiert wird, aber nicht wirklich eine Chance hat, sich aus seinem Elend herauszuziehen. Die hohe Arbeitslosenquote, die wir haben, ist doch auch zum Teil künstlich geschaffen. Es gäbe mehr Menschen in Arbeit, wenn viele bürokratische Barrieren nicht so hoch wären. Denn der Bedarf an Arbeitleistung ist doch da. Es gibt so vieles zu tun, zum Beispiel in der Land- oder Forstwirtschaft. Auf der einen Seite zahlen wir Gelder für Menschen, die keine Arbeit haben, aber auf der anderen Seite verteuern wir die Arbeit. Wir müssen die zu machende Arbeit, die zumutbar ist, dann auch von denen ausführen lassen, die arbeitsfähig sind. Da ist vielleicht nicht jeder arbeitswillig, aber durchaus in der Lage. Wir dürfen nicht vergessen, dass Arbeit die Menschen glücklich machen kann und ihnen ihre Würde gibt. Für manchen, der pensioniert wird, ist es eine Katastrophe, dass er nicht mehr arbeiten darf und nicht mehr gebraucht wird.

Wir sollten auch darüber nachdenken, ein vernünftiges Verhältnis zwischen Ausbildung und Bildung zu bekommen. Denn auch ein Mensch, der eben jetzt keine Fachausbildung hat, kann durchaus ein gebildeter Mensch mit Herzensbildung sein.

Abschließend ein Wort zum sogenannten »Ausländerproblem«: In der Vergangenheit gab es einige Schlagzeilen in Bezug auf Übergriffe durch Ausländer. Meines Erachtens sollten sich da gewisse Politiker etwas zurückhalten mit großmundigen Forderungen nach härterem Jugendstrafrecht etc. Das löst das Problem nicht, sondern facht gewisse negative Stimmungen nur an. In Deutschland leben rund 15 Millionen Menschen mit ausländischen Wurzeln. Die große Mehrheit ist hier gut integriert und fühlt sich bei uns wohl. Wir dürfen diese nicht in Generalhaftung nehmen für Einzelfälle. Schlägertypen gibt es nicht nur unter Ausländern, sondern auch unter Deutschen. Es gibt auch kein »Ausländerproblem«, sondern eher ein soziales Problem. Und dem können wir nur beikommen durch Schule, Bildung und Ausbildung. Eben habe ich es schon erwähnt – wir sollten durchaus zu unseren finnischen Nachbarn schauen, wo kein Kind auf die Schulbank darf, wenn es nicht eine der beiden Landessprachen beherrscht. Und wer einen Abschluss und einen Ausbildungsplatz, d.h. eine Perspektive hat, hängt nicht auf der Straße herum und schaut sich um, wen er verprügeln kann.

Wir dürfen nicht vergessen: Wir brauchen die ausländischen Arbeitskräfte. Es war eigentlich noch nie so, dass wir alle Arbeitsplätze allein mit Deutschen besetzen konnten. Der wirtschaftliche Aufschwung ist nicht nur dem Fleiß und der Tüchtigkeit der Hiesigen und der Vertriebenen geschuldet, sondern auch den zahlreichen Gastarbeitern, die seit den fünfziger Jahren zu uns gekommen sind. Wir brauchen sie heute dringender denn je. Xenophobie ist hier völlig fehl am Platze. Die demographische Entwicklung lässt es nicht zu, dass wir auf die Zuwanderung verzichten. Im Gegenteil: Wir müssen die Zuwanderung erleichtern.

Der Ruf nach Elitenförderung

Deutschland hat die Elite wieder entdeckt. Hand in Hand mit der Diskussion über die Werte unserer Gesellschaft und mit den jüngsten Skandalen in der Wirtschaft geht die Debatte über die Elite. Für die sonntäglichen Talkshows ist die Elite ebenso ein Thema wie für Soziologen, Politiker, universitäre Eliteforscher und Bücher schreibende Journalisten. Auf der einen Seite hagelt es Kritik an der bestehenden Elite, auf der anderen Seite wird der Ruf nach der Elite immer lauter.

Der Begriff der »Elite« scheint aber unterschiedlich

belegt. Unser Land braucht Eliten, aber wie sollen sie aussehen? Sind wir eine Gesellschaft mit Eliten oder nur noch eine »Führungskräftegesellschaft«, wie der Bildungssoziologe Karl Ulrich Mayer behauptet. Was macht Elite aus? Nachdem die Elite bzw. der Begriff, auch unter dem Einfluss des Gleichheitsprinzips der 68er, in Misskredit gekommen ist, beginnt man nun, hastig nach den Eliten zu suchen. Da werden Elitehochschulen gekürt und Eliteakademien gegründet.

In den letzten Jahren haben sich die Kriterien der Elitezugehörigkeit verändert. War früher vor allem die Herkunft relevant, ob man zur Elite gehört oder nicht, so tritt dieses Merkmal heute mehr und mehr in den Hintergrund. Man muss sich auszeichnen, in mehrfacher Hinsicht, um dazuzugehören. Reine Prominenz reicht dazu nicht, obwohl mancher das meinen mag. Nicht jeder Kinostar, nicht jedes Model, nicht jeder Talkmaster gehört automatisch zur Elite. Auch nicht jeder Politiker oder Wirtschaftsführer. Noch vor wenigen Jahren nannte man gerne die großen Konzernchefs »die Elite Deutschlands«.

Wirtschaftlicher Erfolg kann allerdings nicht als Kriterium für Elite gelten. Wirtschaftlich erfolgreich sind auch manche »Businessmen« im Osten Europas, deren Erfolg mit dem des ehrbaren Kaufmanns nichts zu tun hat. Diese »Erfolgreichen« wenden oftmals zweifelhafte Methoden an, um ihr Geschäft zu sichern.

Ein guter Gradmesser, was Elite ist, zeigt die Erwartungshaltung an diese Eliten. Die starke Kritik, der sich die deutsche »Elite« im Moment ausgesetzt sieht, zeigt doch ganz klar das Bedürfnis nach dem Gegenteil der

Vorwürfe. Von den Besten unserer Gesellschaft wird eben doch mehr verlangt, als dass sie einfach ihr Metier gut beherrschen. Die Eliten sollen ihre Pflicht tun, und die besteht aus mehr, als nur einfach ihre Arbeit zu tun. Wir haben ein untrügliches Gefühl dafür, dass die Zugehörigkeit zur Elite hohe Anforderungen an Charakter und Ethik mit sich bringt. Die Menschen erwarten einfach, dass die Eliten Vorbilder sind – und zwar nicht in der Raffinesse, wie man möglichst viel Geld am effektivsten am Fiskus vorbeiführt.

In der jüngsten Zeit sind einige Manager mit dem Gesetz in Konflikt geraten. Sie stehen mit Sicherheit nicht für alle Vertreter ihrer Zunft, sondern sind eine Minderheit. Aber sie beschädigen die Vorbildfunktion der Manager, der Elite. Sie beschädigen auch das Bild vom Standort Deutschland, von einer sozialen Marktwirtschaft, in der nicht nur die Gesetze des Kapitals und des Profits gelten sollten, sondern auch noch Anstand und Redlichkeit ihren Platz haben. Wenn es darum geht, anständig miteinander umzugehen, dann ist die höhere (Aus)Bildung keine Gewähr, dass der Umgang miteinander besser ist als der derjenigen, die einen niedrigen Ausbildungsstand haben. Auch Ethik muss man sich erarbeiten.

Je mehr Skandale es gibt, desto mehr wird sich das Gefühl »Die da oben – wir hier unten!«, d.h. das Misstrauen gegenüber den Leistungsträgern, verstärken.

Wenn einige wenige negative Fälle bekanntwerden, dann wirkt das meinungsbildend für eine ganze Gattung. Diesen Negativbeispielen stehen Tausende gegenüber, die Großartiges leisten und hervorragend arbeiten. Das »Die da oben – wir hier unten!« wird es aber immer geben.

Es gibt auch die Situation, dass die da unten die da oben bewundern und mit denen gar nicht tauschen wollen. Ich habe es oft erlebt, dass ich jemandem den Weg nach oben ebnen wollte und derjenige sagte: »Nein, das mag ich nicht, ich habe es lieber so, wie es jetzt ist. Mir reicht das, was ich habe, ich bin da zufrieden.« Es wird in der Gesellschaft immer welche geben, die zufrieden sind, es wird welche geben, die unzufrieden sind und nach oben kommen wollen. Dagegen ist gar nichts zu sagen. Es ist nur die Art und Weise, wie einer nach oben kommen will, die verwerflich sein kann. Denn auch die Gesellschaft kann von jedem einen Beitrag fordern. Man hat auch die Pflicht, mit seinen Talenten und Begabungen etwas zu tun.

Seit einiger Zeit gibt es einen neuartigen Typ im Management – den »compliance officer« –, der in einem Unternehmen prüfen soll, ob die Tätigkeiten sich im Einklang mit Recht und Gesetz befinden. Das mag angesichts unserer Gesetzesfülle berechtigt sein. Allerdings lässt sich daraus auch der Schluss ziehen, dass Ethik, das Handeln nach Anstand und Gesetz, nicht mehr aus sich selbst heraus geübt wird. Man muss sich nicht mehr selbst um Ethik bemühen, das macht dann der Compliance Officer.

Die Bildung eines eigenen Rechtsbewusstseins und des eigenen Gewissens, welches ja wesentlich ist, wird vernachlässigt. Obwohl man von sich selbst heraus in der Lage sein müsste, Recht von Unrecht zu unterscheiden, und dann den Weg des Rechts bereitwillig gehen, auch wenn es dem Profit des Unternehmens kurzfristig weniger nützt.

Macht und Autorität

Der Begriff Autorität hat in den letzten Jahren leider eine negative Konnotation erfahren. Aber ursprünglich ist Autorität durchaus positiv belegt – im Gegensatz zu heutigen negativen Bedeutungen, die Strenge und Willkür meinen, wie autoritäres Regime, autoritäre Erziehung etc. Wenn man aber auf die eigentliche Bedeutung von Autorität zurückgeht, kommt etwas Positives heraus.

Ein interessantes Spannungsfeld ist nämlich jenes zwischen Autorität und Macht, und zwar sowohl im Mikrokosmos Unternehmen als auch im Makrokosmos Gesellschaft. Wir erleben viele Menschen, die mit Macht ausgestattet sind, sie auch ausüben, aber über keinerlei Autorität verfügen. Nehmen wir alleine ein Beispiel aus der Schule: Der Lehrer hat schon eine ziemliche Macht kraft seines Amtes, er kann mit Noten auf die Schüler einwirken ebenso wie mit disziplinarischen Maßnahmen. Allerdings ist er relativ rasch am Ende seiner Möglichkeiten, wenn sich die Menge gegen ihn verbündet, ihm die Mappe ausräumt, Radau macht oder sich schlecht benimmt. Jeder kennt einen solchen Fall aus der eigenen Schulzeit. Und wir kennen auch denjenigen Lehrer, den wir alle gemocht haben, von dem eine natürliche Autorität ausgegangen ist und bei dem die Klasse ruhig und konzentriert mitgearbeitet hat.

Autorität schätzt man, man erkennt sie an, man akzeptiert sie, ohne zu murren. Machtausübung ohne Autorität löst Widerwillen und Widerstand aus. Autorität sagt: Ich habe den anderen gern, ich sorge mich um den anderen – das wird auch gerne angenommen.

Natürlich braucht Autorität auch ein entsprechendes Können und Fähigkeiten, aber das Wichtigste ist die menschliche Seite an der Autorität im Vergleich zur Macht. Letzter Grund des Vertrauens in die Autorität sind weniger die Wertqualitäten oder funktionalen Leistungen der Autorität ausübenden Person, sondern das Vertrauen, das ihr entgegengebracht wird und das es ihr erlaubt, ihre Macht ohne Gewalt zur Geltung zu bringen. Autorität meint in sich begründete und nicht willkürliche Macht.

Autorität ist also ein Persönlichkeitsfaktor, und Macht ist ein technischer Faktor. Autorität kann man nicht »lernen«, aber sie kann durch eine gute Erziehung und Ausbildung in die rechte Bahn gelenkt werden. Autorität hat mit der Ausstrahlung eines Menschen zu tun, die einer hat oder nicht hat. Wir erleben es ja in der Politik – das gibt es Politiker, die an die Macht kommen und später mangels Autorität zu Fall kommen.

Die Verlockung durch die Macht ist groß, und der Versuchung kann mancher nicht widerstehen. Macht muss positiv genutzt werden, nutzt sich aber mit der Zeit ab. Wir erleben ja auch immer wieder, dass Menschen, die an die Macht kommen, in der Anfangszeit vernünftigen Gebrauch von ihr machen, bei längerer Ausübung die Macht aber missbrauchen. Man muss nicht gleich so weit gehen wie Lord Acton, der sagte:

»Die Macht hat die Tendenz, ihre Träger zu verderben, und absolute Macht verdirbt unweigerlich. Große Männer sind fast immer schlecht.« Nicht gleich alle großen Männer sind schlecht. Es gibt die Macht der Gewohnheit, aber auch die Gewohnheit der Macht. Kraft ihres Amtes entscheiden die Menschen, ohne sich Gedanken zu machen, was mit den Entscheidungen dann passiert. Das ist auch ein Grund, warum in der Politik von Zeit zu Zeit ein Machtwechsel guttut. Ein Wechsel ist etwas völlig Normales, auch wenn es manchen nicht gefallen mag. Wenn ein Funktionsträger nicht mehr gut genug ist, wenn er die Macht missbraucht, dann laufen ihm die Leute beziehungsweise die Wähler weg. Die verschiedenen politischen Richtungen und die Möglichkeit zum Wechsel haben schon etwas für sich. Demokratie lebt vom Wechsel und vom Wettstreit der Meinungen und Richtungen.

Und immer, wenn wir erleben, dass eine bestimmte politische Richtung zu lange vorherrscht, dann schleicht sich eine Arroganz der Macht ein. Ein Orchester braucht einen Dirigenten; selbst wenn er mittelmäßig ist, ist er besser als zwei herausragende Dirigenten, die sich aber immer streiten. Dann ist es besser, der eine Dirigent dirigiert das eine Stück, und der andere dirigiert das andere Stück. Wenn beide Dirigenten zusammen etwas machen sollen, wird die Gesamtleistung weniger gut ausfallen. Wir erleben das gegenwärtig bei der großen Koalition.

Macht kann korrumpieren. Wir müssen nicht die Beispiele großer Diktatoren des letzten Jahrhunderts bemühen, es gibt zahlreiche andere Beispiele. Die Macht verführt oft genug dazu, die eigenen Grundsätze über Bord zu werfen. Ein jüngst gefasster Beschluss des Bundestages über die Ausweitung der Stichtagsregelung zur Embryonenforschung hat das gezeigt. Abgesehen von der ethischen Frage in dieser Causa, die an anderer Stelle zu behandeln sein wird, haben wir es erlebt, dass auch viele Abgeordnete der sogenannten christlichen Parteien, d. h. eigentlich mit einer eindeutigen Grundhaltung zum Thema verbrauchender Embryonenforschung, eine Wende vollzogen haben. Dabei sind sie gewählt worden unter der Voraussetzung, dass sie sich gewissen Grundsätzen verpflichteten. Aus welchen Gründen auch immer haben sie anders gehandelt. Es ist traurig, wenn das Vertrauen der Wähler missbraucht wird.

Und es scheint einigen in den C-Parteien nicht klar zu sein, was das für Konsequenzen haben kann. So ein Verhalten führt zu einer Politikverdrossenheit. In diesem Falle wurde ohne Notwendigkeit eine Richtung beschritten, die sicher mehr Schaden als Nutzen bringt und die die Glaubwürdigkeit und die Vertrauenswürdigkeit mancher Mandatsträger doch sehr beschädigt. Machen sie es dann aus Autorität oder aus Macht? Das ist ein klassischer Fall von Missbrauch der Macht. Hätten sie Autorität, dann würden sie wertebewusster handeln.

Der Idealfall ist Macht in Verbindung mit Autorität und Können. Autorität hat auch mit ethischem Bewusstsein zu tun und heißt auch Verantwortung tragen wollen. Und solange die Autorität vorhanden ist, gibt es die Abnutzung der Macht nicht. Macht ohne Autorität wird wesentlich leichter missbraucht und muss dann abgelöst werden.

Es gibt aber auch eine Verantwortung zur Macht und zur Autorität, eine Verantwortung den Veranlagungen gegenüber, die man bekommen hat. Wir müssen unsere Talente richtig einsetzen. Denjenigen, die immer so gerne nach oben schimpfen, kann man nur sagen, sie können ja selbst nach oben gehen. Wenn wir uns die Geschichte vieler Unternehmen anschauen, dann sehen wir, dass es meistens ein Handwerker oder ein ganz einfacher Mensch war, der eine gute Idee gehabt hat, die er verwirklicht und umgesetzt hat. Der Weg dahin ist jedem offen. Wer den Weg nicht beschreitet und nur schimpft, der hat es verwirkt zu kritisieren.

Geld, Moral und Gier

Ein beliebtes Thema für die Medien – und auch für die Politik – sind die angeblich übermäßigen Managergehälter. In schöner Regelmäßigkeit werden nicht nur in Boulevardzeitungen die Gehaltslisten der deutschen Topmanager abgedruckt. Angesehene Journalisten schreiben Leitartikel über das Geld, die Moral und die Gier. Und am Ende mischt sich, nach einschlägigen Vorlagen der politischen Linken, auch der ein oder andere Unionspolitiker ein mit der Forderung, die Gehälter zu deckeln.

Ist das nun die altbekannte Neiddebatte, oder sind die Chefetagen der deutschen Wirtschaft tatsächlich mit Raffke-Mentalität und Geldgier verseucht? Sicher sieht sich der ein oder andere eher als ein Superstar, doch scheint mir, hier wird zu viel über einen Kamm geschoren. Niemand stellt die Prämien von Fußballstars in Frage, und niemand diskutiert die Millionenbeträge für Hollywoodfilmstars. Deutschlands Manager sind oft besser als ihr Ruf. Der Empörung über die Gier von Managern ist aber doch jedes Mal ein gehöriges Maß moralischer Selbstgefälligkeit beigemischt. Nicht zu vergessen ist, das aus dem Kreise der Spitzenverdiener viel Gutes getan wird in Form von Spenden, Unterstützung, Förderung und sozialer Hilfe. Weit mehr werden ihrer sozialen Verantwortung gerecht, als es nach den jüngsten Skandalen scheint.

Allerdings ist die Sensibilität der Öffentlichkeit zu diesen Themen ein Gradmesser für ein gestörtes moralisches Empfinden. Die Summen, die genannt werden, Gehälter in Millionenhöhe, Abfindungen in zweistelliger Millionenhöhe treffen zwar ohnehin nur auf eine Handvoll von Personen zu. Die Bezüge der Vorstandschefs der Deutschen Bank oder von DaimlerChrysler sind sicher hoch, aber sie können nicht für allgemein genommen werden. Dennoch stört es das Empfinden, wenn bekannt wird, dass ebenderjenige, der verantwortlich ist für die Freisetzung von 1000, 2000 oder mehr Arbeitnehmern, ein noch dickeres Gehalt nach Hause fährt. Oder aber ein Unternehmen soll saniert werden – anstatt dessen wird es an die Wand gefahren, und der Verantwortliche geht mit einem zweistelligen Millionenbetrag als Abfindung nach Hause. Es scheint also doch ein Schieflage eingetreten zu sein.

Nur sollten wir die Lösung nicht in der Politik suchen, und diese sollte nicht versuchen, in die Wirtschaft hineinzuregieren. Es wird in Deutschland immer viel zu schnell nach dem Staat gerufen. Und mancher Politiker will sich auf der Welle schnell zum Anwalt der kleinen Leute machen, indem er in populistischer Art und Weise aufzeigt, wie er die »Nieten in Nadelstreifen« zur Räson bzw. zur Beschränkung bringt.

Was in der ganzen Diskussion allerdings generell vergessen wird: Managergehälter werden nicht von Managern festgesetzt. Das machen in der Regel die Aufsichtsräte, in denen Mitbestimmung herrscht. In den Unternehmen gibt es Personalausschüsse, in denen auch Arbeitnehmervertreter sitzen. Es ist wichtig, dass die Aufsichtsräte ihren Pflichten nachkommen. Dieser Bereich ist kein Spielfeld für die Politik.

Die Unternehmen brauchen die besten Spitzenkräfte, um wettbewerbsfähig zu bleiben. Den Fachkräftemangel gibt es nicht nur in der mittleren Ebene in Deutschland. Auch das Spitzenpersonal ist knapp. Wir haben nicht nur ein Problem damit, dass gute Leute ins Ausland abgeworben werden, sondern auch, dass gute Manager aus dem Ausland gar nicht erst nach Deutschland kommen.

Wenn es nur wenige Tüchtige gibt, dann gibt es auch einen entsprechenden Wettbewerb um diese Tüchtigen. Und es ist die Aufgabe der Aufsichtsräte, die doch die Eigentümer des Unternehmens vertreten, zu sagen: So viel wollen wir ausgeben für einen Spitzenmann und so viel nicht. Die Aufsichtsräte müssen die Entscheidung gegenüber den Aktionären und der Öffentlichkeit verantworten. Mir scheint, die ganze Debatte wird nicht nur zunehmend absurder, sie wird auch naiv geführt. Seit einigen Jahren gibt es doch weitgehende Offenlegungspflichten für börsennotierte Unternehmen. Und genau diese Transparenz über die Einkommen wird jetzt gerade als Basis für die Pauschalurteile benutzt.

Eine andere Frage ist die nach der Verantwortung und der Haftung. Hier gibt es einen großen Unterschied zwischen einem angestellten Manager und einem Eigentümerunternehmer. Letzterer wird riskante Entscheidungen wesentlich intensiver überdenken und vorsichtiger treffen als jemand, der keine persönlichen Konsequenzen tragen muss. Der Eigentümerunternehmer ist gezwungen, langfristiger zu denken. Er hat eine ganz andere Bindung an das Unternehmen, die umso intensiver ist, wenn er sogar damit aufgewachsen ist. Jede Fehlentscheidung wirkt sich unmittelbar auf ihn selbst (und auf seine Familie) aus. Auf eine gewisse Art und Weise ist es auch ein Vorteil, wenn er nicht ständig an den Shareholder-Value denken muss, sondern auch in Krisenzeiten langen Atem und Durchhaltevermögen zeigen kann. Die Erziehung zur Verantwortung klappt so von ganz alleine.

Eine angestellte Führungskraft steht möglicherweise vor der Aufgabe, den angeschlagenen Aktienkurs des Unternehmens wieder in das Zentrum des DAX zu bringen. Quartalszahlen sind abzuliefern, solche, die die Analysten und die Börse erfreuen, bloß keine Gewinnwarnung, bloß kein Unterschreiten der gegebenen Versprechen, Gewinn und Ertrag betreffend. Die Öffentlichkeit wacht mit Argusaugen, die Analysten an der Börse spielen Schiedsrichter, der Aufsichtsrat wacht mit Argwohn, die Eigner erwarten Rendite. Da liegt die Versuchung nahe, dies auch mit harten Einschnitten im Unternehmen zu erreichen. Firmenbereiche werden »outgesourct«, Arbeitnehmer werden freigesetzt, damit sich der Kurs wieder in die Höhe bewegt. Solches Handeln hinterlässt einen schalen Nachgeschmack. Doch auch in diesen Fällen sollte man genau hinschauen: Wäre das Unternehmen noch wettbewerbsfähig geblieben ohne diese Maßnahmen? Oder würde es zugrunde gehen bzw. geschluckt werden? Ich bin überzeugt davon, dass nur wenige leichten Herzens Mitarbeiter freisetzen.

Das Unbehagen an der Wirtschaft wächst aber auch, wenn wieder einmal einschlägige Skandale die Schlagzeilen bestimmen. Im Jahr 2006 ist die österreichische BAWAG, die einstige Arbeiterbank, aufgrund von Führungs- und Moralversagen an die Wand gefahren. Nicht nur, dass sich die zu 100 Prozent der Gewerkschaft gehörende Bank mit merkwürdigen Investmentgeschäften karibischer Tochterfirmen in den Ruin verspekulierte (man spricht von Verlusten im Milliardenbereich), sondern auch die Führungsriege glänzte durch kleinere Nebenskandälchen von günstig erworbenen Immobilien aus Bankbesitz im Zentrum Wiens und einigem mehr. Am Ende wurde die Bank von einem amerikanischen Hedge-Fonds mit dem Namen »Cerberus« übernommen. Ihre Zukunft ist völlig ungewiss.

In Deutschland gerieten nacheinander die SachsenLB, die WestLB und auch die Bayerische Landesbank in die Schieflage. Am Ende zahlt der Steuerzahler für die Fehler der Manager. Mit Milliardenbeträgen unterstützten Bund und Länder die angeschlagenen Banken. Oft war der Grund der Bankenprobleme ein vermehrtes Auslandsengagement mit hohen Gewinnaussichten, aber eben mit einem falsch eingeschätzten Risiko. Manch ein inhabergeführtes Bankhaus war hier vorsichtiger.

Es wäre sicher sinnvoll, auch über ein System der Haftung für Fehlverhalten nachzudenken. Wenn der Entscheidungsträger weiß, dass er persönlich in der Haftung steht, wird er nicht so mutig spekulieren. Er wird sich stärker überlegen, ob er es machen kann oder nicht. Im Moment ist das Risiko für den Einzelnen nicht so groß, wie es sein sollte. Wenn schlechte Spekulationen gemacht werden, dann sollen die Verursacher auch eine Verantwortung dafür tragen, wie sie jeder Unternehmer zu tragen hat, der falsche Entscheidungen trifft. Dann wird auch ein hohes Gehalt gerechtfertigt sein.

Schreckgespenst Globalisierung

Als eines der Schreckgespenster in der öffentlichen Diskussion gilt die Globalisierung. Immer wenn eine negative Entwicklung eintritt, wenn beispielsweise der Handyhersteller Nokia bekanntgibt, sein Werk in Bochum zu schließen und an einem anderen Ort wieder aufzumachen, dann häufen sich die Klagen über die Erbarmungslosigkeit der Weltwirtschaft und der Globalisierung, im Chor vereint mit Politikern, Gewerkschaftern und Globalisierungsgegnern wie die Organisation

ATTAC. Es scheint mir, dass im Allgemeinen eine recht unklare Bestimmung über diesen Begriff und das Phänomen besteht.

Und dabei erfahren wir täglich, wie sich die Lebensbereiche weltweit auf wirtschaftlichem, politischem und kulturellem Gebiet immer weiter vernetzen und durchdringen. Die Welt ist aber nicht größer geworden, und die Globalisierung ist nichts Neues. Seit Jahrhunderten wird sie angetrieben. Das Reich Alexanders des Großen und das Römische Reich waren in ihrer Zeit und in ihrer bekannten Welt die Global Players. Das Mittelmeer war um die Zeitenwende die Drehscheibe der Welt, und ausgehend von dieser Drehscheibe konnte sich die katholische Kirche zum bis heute größten Global Player entwickeln. In jedem Land dieser Erde hat sie »Filialen« und »Niederlassungen« mit dem entsprechenden Personal – mit dem Ergebnis, dass der winzige Vatikanstaat mitunter weit bessere Informationen über die Situation in einem Land besitzt als so mancher Geheimdienst.

Die Hanse ist ein weiteres Beispiel. Ihr Einfluss ging von der Ostsee bis zum Schwarzen Meer. Und mit der Ostindien-Gesellschaft beherrschten die Briten über Jahrhunderte den Handel mit der asiatischen Welt.

Allein die Geschwindigkeit hat zugenommen. Wo früher noch gefährliche Schiffspassagen mit monatelanger Dauer unternommen wurden, setzt man sich heute in ein Flugzeug und gelangt binnen weniger Stunden an jeden beliebigen Ort dieser Erde. New York, noch vor 60 oder 70 Jahren sechs Tage mit dem Schiff entfernt, erreichen wir heute in fünf Stunden. Wurden

Briefe mit ausgeklügelten Kuriersystemen weiterbefördert, schicken wir heute mit einem Klick das E-Mail vom Handy aus in Bruchteilen von Sekunden von Europa nach Hongkong. Gerade mal vor 20 Jahren war ein Faxgerät eine hochinnovative Ausstattung eines Büros, und die ersten Mobiltelefone hatten noch den Umfang einer kleinen Reisetasche.

Durch diese enorme und schnelle technische Entwicklung hat sich das Gefühl für den Raum, für die Zeit und für die Kommunikation verändert. Alles ist wesentlich schneller geworden.

Es ist vielleicht diese Geschwindigkeit, die die Menschen verängstigt. Riesige Geldmengen umkreisen jeden Tag die Welt. Wir sehen, dass Länder, die gestern noch große Summen an Entwicklungshilfe kassiert haben, nun auf einmal auf die internationalen Weltmärkte vorstürmen und uns scheinbar bedrohen. Nichts scheint, wie es war. Der amerikanische Dollar schwächelt, nicht nur hinter vorgehaltener Hand wird getuschelt, dass das Öl bald in der Euro-Währung gehandelt wird. Experten meinen, dass früher oder später eine asiatische Währung das Geld für das Öl sein wird.

Die Globalisierung hat noch einen zusätzlichen Schub erhalten durch den Zerfall des Kommunismus, durch den Fall des Eisernen Vorhangs, durch die Öffnung der Märkte und den Eintritt Chinas und Indiens in die Weltwirtschaft. Und wer wollte es jenen Ländern verdenken, dass sie nun auch einen Anteil haben wollen an wirtschaftlichem Wachstum und Wohlstand. Das gilt für die armen Gegenden Rumäniens genauso wie für China.

Globalisierung meint in wirtschaftlicher Hinsicht zunächst einmal, dass das Marktgeschehen auf der ganzen Welt zur Geltung kommt. Und wenn die Märkte größer geworden sind, dann sind auch die Chancen größer geworden. Wir können heute in Gebiete exportieren, in die es früher sehr schwer war zu liefern. Das ist gerade für ein stark exportorientiertes Deutschland die große Chance.

Diese Möglichkeiten werden zu wenig wahrgenommen. Es wird wenig gesehen, dass gerade durch die Osterweiterung der Europäischen Union deutsche und österreichische Unternehmen neue und große Absatzgebiete hinzugewonnen haben, in denen sie gute Geschäfte machen können. Die Veränderungen und die rasante Entwicklung machen den Menschen Angst, und sie empfinden eine gefühlte Unsicherheit. Können unsere westlichen Staaten auch weiterhin Arbeit, Wohlstand und sozialen Ausgleich bieten? Haben wir die Kraft, unser Wertesystem beizubehalten? Negativ ist für manche sicherlich, dass die Berechenbarkeit, die Vorhersehbarkeit der Entwicklungen schwieriger ist als früher. Unternehmer müssen sich umstellen, da heute die Probleme des einen Standorts blitzschnell auf den anderen Standort überschwappen können. Arbeitnehmer müssen sich umstellen, müssen viel mobiler und flexibler sein. Die Lebensstellung wird es kaum mehr geben. Wir haben zwar selbst bei uns in der Firma noch viele Mitarbeiter, die schon viele Jahrzehnte seit ihrer Ausbildung bei uns sind, doch ist das eher die Ausnahme als die Regel. Dann müssen sich die Betroffenen unter manchmal schweren Bedingungen umstellen und unter Umständen in einer anderen Branche arbeiten, was ursprünglich nicht ihrem Berufsziel entsprach.

Wir können die Globalisierung nicht aufhalten, sie ist ein selbst laufender Prozess. Aber wir können uns darauf einstellen und versuchen, so gut wie möglich ihre Chancen zu nutzen. Und wir müssen vor allem erkennen, dass die Vorteile der Globalisierung bei weitem die Nachteile überwiegen. Vieles, was gesagt wird, ist einfach nicht wahr, und es ist eigentlich beschämend, wie den Menschen damit Angst gemacht wird.

Die Globalisierung vernichtet keine Arbeitsplätze, sondern schafft welche. Wenn wir größere Märkte haben, dann werden unsere Produkte auf diesen Märkten verkauft. Das hält hier die Unternehmen am Leben und erlaubt es ihnen, sich zu vergrößern. Konkurrenz belebt das Geschäft. Das war immer schon so. Wenn im Mittelalter eine Stadt beschlossen hat, für die Händler eine neue Brücke und eine überdachte Markthalle zu bauen, dann war diese Stadt für die Händler attraktiver als andere. Und die anderen, die Nachbarstädte, haben auch versucht, gute Handelsbedingungen zu schaffen – mit dem Ergebnis, dass der Handel florierte und sich die Städte und Dörfer entwickeln konnten.

Oft höre ich, dass die Globalisierung die Umwelt zerstört. Hier ist das Gegenteil der Fall: Das Umweltbewusstsein wird globalisiert, d. h., wir exportieren es in andere Länder. Eine der größten Herausforderungen ist es – bis heute –, die durch die kommunistische Planwirtschaft zerstörte Umwelt wieder zu sanieren, von der Ostsee bis zum Schwarzmeer. Auch im Fernen Osten werden giftige Abwässer nicht mehr einfach in den nächsten Fluss geleitet. Europäische, deutsche Umwelttechnologie ist weltweit führend und zu einer großen Industrie geworden. Der Umweltmarkt ist ein riesiger Markt, weil fast schon überall die Erkenntnis vorherrscht, dass man nicht willkürlich an der Natur Raubbau betreiben kann. Nicht zuletzt ist es nicht nur bei uns im Westen ein effektives Werbeargument, wenn man seine Produkte schonend für die Umwelt erzeugt.

Schließlich profitieren auch die sogenannten Entwicklungsländer von der Globalisierung – entgegen aller Unkenrufe. In den letzten zwei Jahrzehnten hat sich die Lebenserwartung um Jahre erhöht, ist die Kindersterblichkeit zurückgegangen, die Alphabetisierung deutlich vorangeschritten. In China haben sich innerhalb der letzten 30 Jahre nahezu eine halbe Milliarde Menschen aus krasser Armut herausarbeiten können. Insgesamt hat ein großer Teil der Menschen in den Drittweltländern eine massive Steigerung des Lebensstandards genossen. Kinderarbeit geht zurück, Krankheiten und Epidemien haben wir, sofern es keine Naturkatastrophen gibt, viel besser in den Griff bekommen.

Trotz allem leben viele Millionen Menschen in tiefster Armut. Wenn wir den Afrikanern helfen wollen, dann sollten wir ihnen das zugestehen, wovon wir selbst auch profitieren: den freien Zugang zu den Märkten. Die Zollpolitik der Industrieländer behindert die Entwicklungsmöglichkeiten der armen Länder, indem sie bearbeitete Produkte stärker belastet als Rohstoffe. So baut sich in diesen Ländern wenig Verarbeitungsgewerbe auf, das den Menschen dort mehr Beschäftigung und damit ein gutes Einkommen bietet. Die Grundlage von Wohlstand ist nicht zuletzt eine arbeitsteilige Gesellschaft. Also müssen wir unseren eigenen Protektionismus zurücknehmen, damit alle die Chance einer Teilhabe an der Globalisierung haben. Das wäre die beste Hilfe zur Selbsthilfe für die Entwicklungsländer.

Die großen Bewegungen lassen sich von der Politik nicht beeinflussen, weder verlangsamen noch stoppen, das konnte die Politik noch nie. Aber sie kann die Rahmenbedingungen entsprechend umbauen, damit wir gerüstet sind. Da ist für Protektionismus kein Platz mehr. Die Staaten müssen sich umstellen und umbauen, weg vom fürsorglichen Staat, der betreut – hin zum Staat, der seine Bürger ertüchtigt und vorsorglich wirtschaftet. Wer sich nicht erneuert, wird verlieren.

Wenn der ein oder andere meint, dass die europäische Einigung, insbesondere die große Osterweiterung von 2004, der Globalisierung geschuldet ist, dann hat er recht und unrecht zugleich. Die europäische Einigung ist nicht nur ein wirtschaftlicher Prozess. Sie ist eine natürliche Entwicklung und eine historische, politische und nicht zuletzt auch ethische Notwendigkeit. Es wäre eine Schande gewesen, wenn wir die Länder Mittel- und Osteuropas, die nahezu 50 Jahre vom sowjetischen Kommunismus unterjocht, ausgebeutet und an ihrer Entwicklung gehindert wurden, nicht am europäischen Erfolgsmodell hätten teilhaben lassen. Manch einer hängt gedanklich immer noch im Westeuropa der siebziger und achtziger Jahre und hat sich darin bequem eingerichtet.

Wir dürfen nicht vergessen, dass dieses Europa, was wir heute haben, mit all seinen Fehlern, Kompromissen und Rückschlägen ein einzigartiges Friedensprojekt ist. Und nur im Frieden lassen sich Rechtsstaat und Wohlstand entwickeln. Über Jahrhunderte hinweg war auch unser Kontinent ein Kontinent des Krieges. Im Ersten und im Zweiten Weltkrieg standen sich Deutsche und Franzosen mit Waffen gegenüber – und aufgrund der Entwicklung können wir heute sagen, dass das nie mehr geschehen wird. Wir haben ein wunderbares Anschauungsmodell für das friedliche Zusammenleben vieler Völker in Europa in der Donaumonarchie, in der 14 Nationen miteinander lebten.

Erst das Gift des Nationalismus hat diese Einheit zerstört. Am Ende waren die Kleinstaaten, die aus den Trümmern der Monarchie im Jahr 1918 entstanden, nicht lebensfähig. Der letzte Kaiser, Kaiser Karl, rief noch aus dem Exil zu einer Donauföderation, zu einer Zollunion auf, da er wusste, welche Katastrophen anderenfalls bevorstünden[26].

Europa ist stark – die EU ist der größte Wirtschaftsraum der Welt. Wir müssen nun darangehen, Europa auch zu einer politischen Macht zu bauen, die der wirtschaftlichen Macht entspricht. Damit können wir unse-

---

26 Kaiser Karl, geboren 1887, regierte von 1916 bis 1918. Während seiner kurzen Regierungszeit versuchte er alles in seiner Macht Stehende, um das Wüten auf den Schlachtfeldern des Ersten Weltkrieges zu beenden. Er leitete innenpolitisch wichtige Reformen ein, zum Beispiel entstand auf seine Initiative das erste Sozialministerium weltweit. Im Jahr 1918 zerbrach die Monarchie, Kaiser Karl musste mit seiner Familie ins Exil. 1922 starb er entkräftet auf Madeira. Sein ältester Sohn, Dr. Otto von Habsburg, ist einer der Pioniere der europäischen Einigung und saß 20 Jahre lang für die bayerische CSU im Europaparlament. Im Jahr 2004 wurde Kaiser Karl von Papst Johannes Paul II. als Friedenskaiser seliggesprochen.

re Werte, für die Europa steht, durch die Europa groß geworden ist, für die ganze Welt attraktiv machen.

Neues vom Standort Deutschland

Als Anfang des Jahres 2008 der finnische Mobiltelefonhersteller Nokia ankündigte, sein Bochumer Werk zu schließen und den Produktionsstandort nach Klausenburg/Cluj in Rumänien zu verlegen, gingen die Emotionen hoch und die Schlagzeilen darüber wochenlang durch die Zeitungen. Sogar Minister gaben demonstrativ ihr Nokia-Handy zurück. Auf den ersten Blick erschien Deutschland damit als Verlierer im Standortwettbewerb. Doch bei genauerer Betrachtung ist diese Einschätzung weniger eindeutig. Prüft man die genauen Zahlen nach, dann gibt es keine Verlagerungswelle ins Ausland. Der Trend hat sich ins Gegenteil verkehrt, immer mehr Firmen kommen wieder zurück. Einer der jüngsten Fälle ist die Firma Steiff, die ab 2009 ihre Teddybären nicht mehr in China, sondern wieder in Deutschland fertigen lassen will.

In Bezug auf Unternehmensverlagerungen sollten wir ein wenig unaufgeregter reagieren. Wenn heute in den USA ein Unternehmen beschließt, nicht mehr in Colorado, sondern in Philadelphia zu produzieren, dann regen sich dort vergleichsweise weniger Menschen auf. Wir haben den europäischen Markt, und wir müssen die Länder bedienen. Zum Beispiel sagen die Ungarn zu uns, warum sollen wir eigentlich eure deutschen Lebensmittel kaufen, wir haben selbst Landwirtschaft, und macht doch bei uns was. Wir können nicht in jedem Land tätig sein, aber wir müssen den rechten Weg finden, dass wir die Transporte so kurz wie möglich halten und so nahe wie möglich am Markt produzieren. Es wird sich im Laufe der Zeit sicher manches angleichen.

Häufig wird gesagt, die Lohnkosten seien das Hauptargument für die Verlagerung von Arbeitsplätzen. Das kommt aber auf die Branche und auf das Produkt an. Manche Kostenvorteile relativieren sich, wenn man Qualitätsfragen, flüssige Produktionsabläufe und logistische Probleme in die Betrachtung mit einbezieht. Das war exakt das Problem für den Teddy von Steiff – die Knopfaugen müssen nämlich in einem ganz bestimmten Winkel aufgenäht werden, damit er so schön treuherzig schaut, und das konnten die Chinesen nicht. Weiterhin kamen die vielen kleinen Knut-Bärchen erst in Deutschland an, als das Vorbild im Berliner Zoo schon fast erwachsen war.

Sicher ist eine Unternehmensverlagerung zunächst einmal bitter für die Betroffenen am alten Standort. Aber da sie in der Regel gut qualifiziert sind, bekommen sie auch schneller wieder eine Arbeit.

Wir müssen einfach sehen, dass in der Regel die Engagements im Osten dazu führen, dass wir im Westen mehr Arbeitsplätze haben. Beispielsweise eine Automarke wie Audi – die Motoren werden in Ungarn gebaut. Wenn das ungarische Werk nicht wäre, dann gäbe es in Ingolstadt Tausende von Arbeitsplätzen schlichtweg gar nicht. Jeden Morgen fliegt eine Maschine von Ingolstadt nach Györ in Westungarn und am Abend wieder zurück. Unser Betrieb ist 15 km davon entfernt, manchmal dürfen wir da mitfliegen. Wenn wir den europäischen Markt betrachten, müssen wir an den ganzen Markt denken. Es profitieren alle davon. Ein Mitarbeiter in Kroatien ist mir ebenso lieb wie einer bei uns im Stammhaus. Wir dürfen da nicht so national denken. Wir sind für alle verantwortlich, und alle liegen uns am Herzen.

Auch wir standen vor einigen Jahren vor der Entscheidung einer Standortschließung. Noch lange vor dem Beitritt Österreichs zur EU hatten wir einen Betrieb in Österreich aufgebaut, um dort auch zu produzieren und unsere Produkte ohne den Zollaufschlag in Österreich verkaufen zu können. Als dann die Österreicher der EU beigetreten sind, war der Betrieb eigentlich überflüssig. Es hat nicht an Beratern gemangelt, die empfohlen haben, den österreichischen Standort zu schließen. Wir wollten den Standort jedoch erhalten und haben Phantasie entwickeln müssen, um das zu schaffen. Heute produziert der Betrieb mehr als je zuvor. Mittlerweile unterhalten wir neue Standorte in Kroatien, in Ungarn, in der Schweiz, in der Ukraine und in Königsberg.

Im Grunde genommen ist der Standort Deutschland ein großartiger Wirtschaftsstandort, weil wir hier gute und qualifizierte Mitarbeiterinnen und Mitarbeiter finden, die in der Lage sind, mit moderner Technologie umzugehen. Wir können hier auf Menschen bauen, die Lösungen finden, die beweglich sind, fleißig und qualitätsbewusst arbeiten können. Für Hochqualitätsprodukte ist der Standort Deutschland ideal. Aber wir werden sicherlich damit rechnen müssen, dass Arbeiten, die weniger Qualifikation erfordern und leicht zu erlernen sind, abwandern. Wenn der Arbeitsmarkt nicht flexibilisiert wird, dann werden die Verlierer die Geringqualifizierten sein.

Man kann natürlich darüber klagen, dass durch Standortverlagerungen ins Ausland in den letzten sieben Jahren rund 85000 Arbeitsplätze verlorengegangen sind. Allerdings schufen die Unternehmen, die ihre Produktion woanders aufgemacht haben, wiederum in Deutschland 105000 neue Arbeitsplätze. Es ist also Augenwischerei, dass wir nur die Verlierer sind. Gerade unser Eingangsbeispiel Nokia zeigt uns doch Folgendes: Politische Eingriffe erschweren die Bedingungen für den Wirtschaftsstandort und die Arbeitsplätze. Staatliche Subventionen, mit denen Firmen wie Nokia nach Deutschland gelockt wurden (und gelockt werden), können eine nachhaltige wirtschaftliche Entwicklung, die länger als die geschlossene Subventionsvereinbarung hält, behindern. Wenn man nicht vor zehn Jahren etliche Millionen an Nokia gezahlt hätte, was hätte denn alles Sinnvolles mit dem Geld gemacht werden können? Der Standortwettbewerb wird positiv beeinflusst von gut ausgebildeten Arbeitskräften, von einer ordentlichen Infrastruktur und durch ein gesundes Gründerklima. Subventionen und andere staatliche Interventionen können das nachweislich nicht.

Das Einzige, was der Staat für den Standort Deutschland tun kann, ist, seine Rolle zurückzunehmen. »Deregulierung« heißt das Zauberwort. Wir haben gegenwärtig zu viele Vorschriften, die ein Unternehmen betreffen. Der Mittelstand ist das Rückgrat der Wirtschaft und wird leider vom Staat auch entsprechend belastet. Man kann kaum alles überblicken. Es wird vieles erschwert und verkompliziert. Wir sehen an vielen anderen Ländern, speziell bei unseren Nachbarn im Osten, dass diese uns sehr aufmerksam beobachten und eben nicht dieses strenge Korsett an Gesetzen schaffen. Und dadurch sind sie erfolgreicher.

Und wenn auch der Unternehmer mehr aus Freiwilligkeit macht, dann gibt es am Ende zumeist ein besseres Ergebnis, als wenn es aus gesetzlichem Zwang geschieht.

Unternehmerische Verantwortung

Führungsethik – Führungsqualitäten

Die Führung eines Unternehmens hat nicht nur etwas mit dem betriebswirtschaftlichen Aspekt zu tun oder mit dem fachlichen, sondern Führung eines Unternehmens ist vor allem auch Menschenführung bzw. Mitarbeiterführung. Wie bringe ich die Mitarbeiter dazu, dass sie das Bestmögliche leisten und sich auch im Unternehmen wohl fühlen?

Natürlich muss Fachwissen vorhanden sein, ohne das geht es nicht. Die Kompetenz ist wichtig. Dann muss dieses Wissen vermittelt werden, es hilft das beste Wissen nichts, wenn man es nicht den anderen weitergeben kann. Und dazu gehören auch Führungsqualitäten.

Eine wichtige ist dabei die Motivationsfähigkeit; wir müssen auch immer wieder neue Ziele festlegen und alles tun, dass sie erreicht werden können. Wichtig ist für eine Führungspersönlichkeit auch, dass möglichst Reibereien vermieden werden, die zu internem Kraftverschleiß führen können. Das wird am besten dadurch vermieden, dass die Menschen motiviert werden. Eine motivierte Mannschaft leistet mehr – also ist es die wichtigste Aufgabe, zu motivieren. Wenn die Mannschaft innerlich gekündigt hat, wenn sie nur ihre Pflicht erfüllt, dann kommt dabei wesentlich weniger heraus, als wenn sie begeistert ihrer Arbeit nachgeht.

Motivieren kann man Menschen am besten, indem man ihnen und ihrer Arbeit Vertrauen und eine hohe Erwartung entgegenbringt. Man nennt das das »Pygmalion-Prinzip«. Es gibt einige interessante Experimente, die dieses Prinzip näher beleuchten. Zum Beispiel hat man in einer mehrzügigen Schule einigen Lehrern mitgeteilt, in einer bestimmten Klasse seien die besten Schüler des Jahrgangs zusammengefasst worden – obwohl das nicht stimmte. Man hat einige Zeit später festgestellt, dass die Klasse tatsächlich eine Leistungssteigerung aufwies und einen guten Zusammenhalt zeigte. Die Lehrer sind einfach mit einer hohen Erwartungshaltung in diese Klasse hineingegangen, und mit dieser hohen Erwartungshaltung haben sie die Leistung gefördert. Noch ein anderes Beispiel ist interessant. In einem Labor sollten Mäuse verschiedene Leistungstests absolvieren. Man teilte die Mäuse in zwei Gruppen auf, und den die Tests betreuenden Studenten wurde mitgeteilt, dass eine Gruppe der Mäuse eine besondere sei, mit besonderen Fähigkeiten und Eigenschaften, und damit seien auch die Tiere besonders teuer – obwohl auch das nicht stimmte. Dennoch erzielte diese Gruppe der Mäuse bessere Ergebnisse.

Das heißt also, wenn ich mit meinen Mitarbeiterinnen und Mitarbeitern bestmöglich umgehe und in sie hohe Erwartungen setze, ihnen Vertrauen entgegenbringe, dann werden sie hochmotiviert gute Leistungen bringen. Wenn ich meine Mitarbeiter schlecht behandle, der Meinung bin, dass sie ihren Aufgaben ohnehin nicht gerecht werden, und ihnen Misstrauen entgegenbringe, dann werde ich auch keine guten Ergebnisse erzielen.

Wir müssen in der Lage sein, beim Führungsverhalten Fehler zu erkennen, bei uns und bei anderen. Kritik muss man ertragen können, wiederum aber selbst so üben, dass die Motivation der Mitarbeiter nicht demontiert wird. Das heißt, man muss einen schonenden Umgang pflegen. Wenn Unrecht geschieht, muss das natürlich geahndet werden. Aber das Handeln einer Führungskraft muss immer aus dem Herzen kommen, und es darf keiner dabei zerstört werden. Wenn ein Mitarbeiter nicht in das Team, in das Unternehmen passt, dann ist es auch die Führungsaufgabe, diesen eben anders einzusetzen, weil einer die ganze Gruppe demontieren kann. Die Zusammenstellung der richtigen Mannschaft und das Erkennen der Fähigkeiten der Einzelnen gehört zu den wichtigen Führungsqualitäten.

Ob so etwas im klassischen Sinne erlernbar ist, glaube ich nicht, aber es ist erspürbar. Es gehört viel Erfahrung und Menschenkenntnis dazu. Eigentlich reicht es aus, zu wissen, dass hier und da gehandelt werden muss. Voraussetzung ist guter Wille und mehr Gefühl als Theorie.

Ich selbst habe vieles schon sehr früh mitbekommen, weil ich von klein auf im Betrieb dabei bin. Ich bin sozusagen derjenige unserer Mitarbeiter, der schon am längsten im Betrieb ist. Als Kind habe ich schon auf dem Gelände gespielt. Da sieht man vieles, das mich beschäftigt hat: Wie kann ich ein Problem lösen, wo ist das Problem, warum fühlt sich einer verletzt, warum tut es einem weh? Auch zu Hause wurden immer Firmenprobleme besprochen.

Wichtig ist es, sich in den anderen hineinzudenken. Wie würde ich es empfinden, wenn ich so behandelt werde? Mein Vater hat einmal gesagt, man muss alles sehen, aber nicht über alles reden. Die Mitarbeiterinnen und Mitarbeiter sollen schon das Gefühl haben, dass ich als Gesellschafter alles mitkriege. Aber wenn ich bei jeder Kleinigkeit hineinrede oder etwas kritisiere, dann wird Demontage betrieben. Da braucht man die richtige Balance.

In der alten benediktinischen Regel steht: »Der Abt muss wissen, welch schwierige und mühevolle Aufgabe, Menschen zu führen und der Eigenart vieler zu dienen, er übernommen hat, muss er doch dem einen mit gewinnenden, dem anderen mit tadelnden, dem Dritten mit überzeugenden Worten begegnen. Nach Eigenart und Fassungskraft jedes Einzelnen soll er sich auf alle einstellen und auf sie eingehen.«

Auf jeden unserer Mitarbeiter müssen wir anders

eingehen, man kann nicht alle gleich behandeln, das wäre ungerecht und würde zu Verwerfungen führen.

Allerdings müssen wir mit Tadel sehr vorsichtig umgehen. Denn so mancher Tadel macht viel kaputt. Da mag der Abt eine andere Position haben als der Unternehmer. Menschen gehen in ein Kloster und wissen, dass es da um absoluten Gehorsam und um absolute Unterwerfung geht. In einem Unternehmen hat jeder die Möglichkeit, den Betrieb zu wechseln. Im Betrieb wollen wir schon die freie Meinungsäußerung, es soll einer nicht immer warten, bis er einen Befehl bekommt, dem er dann gehorcht. Wir wollen, dass er selbständig handelt. Und je mehr Freiraum wir dem Einzelnen geben, umso eher ist er motiviert. Die große Linie muss stimmen. Lob ist wichtiger als Tadel. Alles, was motiviert, ist wichtig.

In unserem Unternehmen haben wir ein Beurteilungssystem der Führungskräfte durch die Untergebenen eingeführt: Da kommt manches zur Sprache, das von den Führungskräften auf den üblichen Wegen nicht angenommen würde, obwohl das System anonym behandelt wird. Diese Maßnahme hat sich sehr bewährt, wir konnten manches verbessern.

Als Führungsperson muss man aber auch ein gewisses Selbstbewusstsein für die eigene Autorität entwickeln bzw. Vertrauen in die eigene Autorität haben. Wenn ich überzeugt bin, dass ich es recht mache, dass ich korrekt handle, dann kann ich mit viel mehr Kraft den Weg gehen, als wenn ich mit einem schlechten Gewissen belastet bin. Das rechte Bewusstsein, das Bewusstsein, recht zu handeln, das Bewusstsein, korrekt zu handeln, das Bewusstsein, alles so gut wie möglich zu machen, gibt viel mehr Kraft als eine verliehene Macht oder eine Macht, die ich mir angeeignet habe.

Das erleichtert auch zu einem gewissen Grade schwere Entscheidungen. Wenn ich Dinge erledigen muss, die bei Menschen zu Verletzungen führen können. Wenn ich weiß, dass es sein muss, weil es richtig ist, und wenn ich es mache, ohne mein Gewissen belasten zu müssen, dann wird es besser geschehen, als wenn ich es nur auf Grund von Macht mache, weil ich sage, was soll's, ich kann es tun, weil ich es so will – dann wird es schlechter.

Natürlich machen wir uns Gedanken, gerade wenn wir vor der schwierigen Entscheidung stehen, ob jemand entlassen werden muss. Dann denke ich mich in die Situation des Betroffenen sehr intensiv hinein. Es ist schon ein anderer Fall, wenn diese Entscheidung notwendig wird, um ein Unternehmen am Leben zu erhalten, als nur zur Pflege des Aktienkurses. Da geht es eher um einen kurzfristigen Vorteil, wo es ohne Wahrung dieses Vorteils auch nicht an die Existenz des Unternehmens gehen würde.

Nehmen wir an, dass ein Mitarbeiter des Unternehmens einen Diebstahl begangen hat. Man muss ihm kündigen, sonst könnten sich andere darauf berufen. Nun wissen wir aber, dass der Betreffende in einer schwierigen sozialen Situation ist, die Kinder sind noch klein, die Frau arbeitet nicht, und auch sonst ist alles knapp. Da ist es unumgänglich, sich in den Menschen hineinzudenken. Wenn es ein einmaliger Ausrutscher war und wenn die Überzeugung vorherrscht, er wird es nie wieder tun, ist er sicher anders zu sehen als ein Wiederholungstäter. Oder nehmen wir einen Alkoholiker, der etliche Male abgemahnt worden ist, der eine Entziehungskur hinter sich hat und wieder rückfällig geworden ist. Da gibt es den Punkt, wo einfach eine Entscheidung getroffen werden muss.

Das folgende Beispiel stammt zwar nicht aus dem wirtschaftlichen Leben, zeigt aber dennoch, dass aus gutem Willen, aus sozialer Verantwortung heraus fatale Entscheidungen getroffen werden können. Eine Tante von mir war Psychologin, die in den fünfziger Jahren einen Jugendlichen behandelt hatte, der zu starken Aggressionen neigte. Nachdem ihr Patient sie attackiert hatte, wurde er in ein Heim zu einer Therapie eingewiesen. Nach einiger Zeit hat man ihn entlassen mit einer positiven Prognose. Meine Tante aber hat ihn weiterbehandelt, obwohl sie von Kollegen gewarnt wurde – bis er sie schließlich in einem neuerlichen Aggressionsschub mit dem Messer umgebracht hat. Es hätte auch gutgehen können. Aber so ist sie ein Opfer ihrer sozialen Verantwortung geworden – wobei sie sich sicher auch Vorwürfe gemacht hätte, wenn sie ihn nicht weiterbehandelt hätte.

Jede Entscheidung, die zu Verletzungen führt, ist eine sehr schwere Entscheidung. Und im Zweifel ist es sicher besser, milde zu sein, als alle rechtlichen Möglichkeiten bis zum Letzten auszunützen. Auch da finden wir wieder Augustinus' Gerechtigkeit und Barmherzigkeit. Das ist ein Faden, der überall durchgeht. Sich nur auf das Recht zu berufen bringt viele menschliche Verletzungen mit sich und ist sicher nicht im Sinne eines harmonischen Zusammenlebens.

In den letzten Jahren hat sich auch der Führungsstil sehr verändert. Den klassischen Patriarchen-Unternehmer gibt es kaum mehr. Die Zusammenarbeit ist ganz anders geworden. Wenn ich zurückdenke, dann konnte mein Vater wesentlich mehr alleine und selbst entscheiden. Das ist heute anders. Mein Vater war Alleinherrscher im guten Sinne. Er war ein Mann, der sich sehr viel Gedanken gemacht hat, der sich um seine Mitmenschen gesorgt hat und der nach dem Gewissen schnell und gut entschieden hat, aber nach reiflicher Überlegung und Abwägung. Heute haben wir die Situation, dass in vielen Dingen oft lange diskutiert wird, bis man zu einer Entscheidung kommt. Auch wenn eine Entscheidung ganz klar ist, ist es nötig, darüber zu reden, um andere zu motivieren. Die Mitarbeiter können damit die Entscheidung mittragen, ganz anders als früher. Jedoch sind es auch wesentlich mehr Mitarbeiter als damals. Da ist manches doch mehr institutionalisiert. Was nicht heißt, dass es schlechter oder besser ist, es ist nur anders. Doch auch heute noch ist es so, dass an der Spitze einer stehen soll, der das letzte Wort hat. Dann wird es bessergehen, als wenn Überlegungen aus den verschiedensten Gremien zusammenlaufen. Jedes Gremium muss einen Kopf haben, braucht einen, der die Richtung vorgibt. Das ist heute noch genauso wie damals.

Vielfach werde ich gefragt, wie es zur Ethik-Charta in unserer Firma kam. Wir waren einer der ersten Betriebe in Deutschland, die so etwas probiert haben. Das ist jetzt zehn Jahre her. Die Idee kam in der Tat von einem Studenten, der bei uns gejobbt hat. Wir haben uns mit ihm und den Mitarbeiterinnen und Mitarbeitern zusammengesetzt, das Konzept entwickelt und schließlich eingeführt. Wir sind nicht der Meinung, dass wir dadurch besser als andere Unternehmen sind, aber es hilft, wenn gewisse Dinge aufgeschrieben sind, um bei Bedarf wohlformuliert wieder ins Gedächtnis gerufen werden zu können.

In der Ethik-Charta bekennen wir uns zu den Werten der christlichen Weltanschauung, nach denen wir leben und den entsprechenden Raum einräumen wollen. Technisch messen kann man das nicht so sehr, ob es wirklich bessergeht. Aber ich bin davon überzeugt, dass es eine Verbesserung ist im Umgang miteinander. Es weiß jeder, wie wir denken, und nicht nur generell, sondern im Detail. Jeder kann sich das durchlesen und kann daraus sehen, dass wir uns Gedanken gemacht haben, wie in diesem oder jenem Fall zu handeln ist. Außenstehende und Firmenpartner wissen mehr über uns, als wenn man nur das Gefühl hat, die versuchen es recht zu machen.

Jeder Mitarbeiter, aber auch jeder unserer Partner weiß, was er für Rechte und Pflichten hat, was von ihm erwartet wird, und jeder kann auch lesen, was er vom Unternehmen erwarten kann, wie er geschützt wird, aber auch, wie er zur Rechenschaft gezogen wird. Und ein höheres Maß an Klarheit im Umgang miteinander ist sicher eine Verbesserung im Vergleich zum Zustand, wenn keiner recht Bescheid weiß.

Bei uns gibt es natürlich auch Konflikte, Krisen, Konfrontationen, eben all die Probleme, die auftreten, wenn Menschen zusammenleben. Diese Probleme müssen gelöst und überdacht werden. Ohne die schriftlich fixierten Gedanken und Grundsätze, die jeder kennt, wäre oftmals ein längerer Diskussionsbedarf notwendig. Solche grundsätzlichen Auseinandersetzungen erübrigen sich, weil wir uns damals in Ruhe diese Gedanken schon gemacht haben, ohne durch einen konkreten Fall gezwungen zu sein, der eine schnelle Antwort erfordert hätte. Das menschliche Zusammenleben ist leichter, wenn es Regeln gibt. Wir können natürlich im Straßenverkehr auch ohne Ampeln fahren und rechts vor links gelten lassen, und trotzdem sind Regelungen mit Rot-, Gelb- und Grünlicht für den schnelleren Ablauf im Verkehr von Vorteil. So haben wir uns auch die Funktion der Ethik-Charta gedacht, die ständig weiterentwickelt, verfeinert und verbessert wird.

Im Leitfaden für das Hipp-Ethik-Management heißt es:

> »Wir führen dieses Ethik-Management in der Hoffnung ein, die Welt, in der wir leben, aktiv ein Stückchen so gestalten zu können, dass es die Welt wird, in der wir leben wollen.«

»Die Firma Hipp verpflichtet sich durch Unterschrift ihrer geschäftsführenden Gesellschafter – getreu dem Motto des Firmengründers Georg Hipp sen. ›Fürchte Gott, tue recht, scheue niemanden!‹ –, mit der Veröffentlichung dieser Ethik-Erklärung fortan als bewusst ethisches Unternehmen aufzutreten. Damit will Hipp seinem im Unternehmensleitbild festgeschriebenen Leitsatz ›Christliche Verantwortung soll unser Handeln prägen‹ auf die denkbar beste Weise gerecht werden.«

Ethik-Charta der Firma Hipp

1. Verhalten am Markt

1.1 Langfristige Erfolgsorientierung

Regel: Alles Handeln bei Hipp ist stets auf die langfristige Erfolgserzielung auszurichten. Zu diesem Zweck sind auch kurzfristige Schlechterstellungen in Kauf zu nehmen.

Grund: Kurzfristige Erfolgsorientierung oder Ausrichtung an anderen Zielen kann nicht im Sinne des Unternehmens Hipp liegen, denn damit würde der langfristige Bestand dauerhaft in Gefahr gebracht, wenn Chancen und Bedrohungen der weiteren Zukunft übersehen oder ignoriert würden. Erst durch die langfristige Orientierung ist eine erfolgsorientierte Planung der Unternehmensentwicklung möglich.

Folge: Mitarbeiter, insbesondere Führungskräfte, die nicht ständig das langfristige Wohl des Unternehmens im Auge haben, sind nicht die richtigen Mitarbeiter für Hipp und erst recht nicht geeignet, Führungspositionen zu übernehmen.

1.2 Qualitätsmanagement

Regel: Qualitätsmanagement ist die gelebte Philosophie aller Leistungsaktivitäten bei Hipp. Sowohl die Einhaltung der existierenden Regeln des QM-Handbuchs wie auch die aktive und bewusste Weiterentwicklung und Verbesserung von Maßnahmen des Qualitätsmanagements sind permanente Aufgaben aller Mitarbeiter.

Grund: Auf die Qualität der Gesamtleistung, die sich aus den Teilleistungen jedes Einzelnen zusammensetzt, ist das Image von Hipp am Markt gegründet. Dies ist das Wettbewerbsmerkmal, das von den Kunden und Endverbrauchern in hohem Maße honoriert wird. Die Umsetzung des Qualitätsmanagements muss daher bei Hipp höchste Priorität genießen. Qualitätsmanagement ist dabei nicht mit der Umsetzung und Aufrechterhaltung von Maßnahmen abgetan, sondern im Rahmen von Forschung, Entwicklung und Erfahrungszuwachs müssen die Maßnahmen den sich wandelnden Bedingungen fortlaufend angepasst werden, damit dieser Wettbewerbsvorteil am Markt auch langfristig erhalten bleibt.

Folge: Die Befolgung der Vorschriften des Qualitätsmanagements ist ein wichtiges Element der Mitarbeiterbeurteilung. Fehlverhalten schlägt sich bei der Entwicklung des Mitarbeiters negativ nieder. Verbesserungsvorschläge im Rahmen des Qualitätsmanagements sind hingegen als wertvoller Beitrag zum Erfolg des Unternehmens positiv zu bewerten.

1.3 Verhalten gegenüber Kunden

Regel: Kunden von Hipp als Partner am Markt können sich darauf verlassen, dass Hipp sich an die Spielregeln des jeweiligen Marktes hält und unlautere Methoden zur Vorteilserlangung nicht Stil des Hauses sind. Hipp achtet darauf, dass Vertrauen mit Vertrauen und Entgegenkommen mit entsprechender Anerkennung honoriert wird. Ist aber eine vertrauensvolle Zusammenarbeit nicht möglich oder gewünscht, müssen die Marktpartner mit angepasstem Verhalten von Hipps Seite rechnen.

Grund: Hipp ist ein Unternehmen, das nicht kurzsichtig auf die Erzielung von kurzfristigen Gewinnen aus ist, sondern langfristig so erfolgreich wie möglich sein will. Dazu aber ist eine langfristig vertrauensvolle, auf beiderseitigen Vorteil achtende Zusammenarbeit mit den Kunden eine notwendige Voraussetzung.

Folge: Von Hipp-Mitarbeitern, die mit Kunden in Kontakt stehen, wird erwartet, dass sie mit Ausrichtung auf den langfristigen Erfolg ihres Unternehmens alles Mögliche zum Aufbau einer vertrauensvollen Beziehung zwischen Hipp und den Kunden tun. Ihr diesbezüglicher Erfolg ist in der Mitarbeiterbeurteilung präzise zu erfassen.

1.4 Verhalten gegenüber Lieferanten

Regel: Hipp ist interessiert an fairen Beziehungen zu seinen Lieferanten, die auf Leistung und Gegenleistung beruhen. Treue wird dabei mit Vertrauen und Sonderleistung mit entsprechendem Entgegenkommen honoriert. Die Leistungsfähigkeit der Lieferanten wird laufend durch ein Bewertungsverfahren überwacht.

Grund: Aufgrund seiner Qualitätsstrategie ist Hipp darauf angewiesen, von seinen Lieferanten mit der erwartet hohen Qualität beliefert zu werden. Dies bedeutet für sie eine kostenintensive Konzentration auf Spezialanforderungen. Nur in einer Vertrauensbeziehung, die langfristig angelegt ist, können beide Partner vor Ausbeutung sicher sein. Mit der gleichen Integrität, mit der Hipp von seinen Lieferanten behandelt wird, wird auch Hipp daher mit ihnen umgehen.

Folge: Die Hipp-Einkäufer sind angehalten, mit den Lieferanten ein partnerschaftliches Verhältnis aufzubauen und zu unterhalten, in dem die geforderte Qualität der Beschaffungsmaterialien mit einem Höchstmaß an Sicherheit und Wirtschaftlichkeit entsteht. Der Erfolg dieser Bemühungen ist in der Mitarbeiterbeurteilung zu erfassen.

1.5 Verhalten gegenüber Konkurrenten

Regel: Die Beziehung von Hipp zu seinen Konkurrenten ist von Gegenseitigkeit geprägt. Die gesetzlich vorgegebene Wettbewerbsordnung ist der Rahmen, in dem sich dieses Verhalten abspielt. Führt friedliche und im Rahmen des Kartellgesetzes legale Zusammenarbeit mit Konkurrenten langfristig zum besten Ergebnis, so wird sie gesucht, ist die Zusammenarbeit aber nicht möglich oder nicht gewollt, wird adäquat reagiert.

Grund: Die Regeln des Wettbewerbs hat nicht Hipp für sich eingeführt, sondern sie sind zum Wohlergehen aller in der Gesellschaft eingeführt worden. Wettbewerb beflügelt nämlich in jeder Branche die Entwicklung neuer Produkte und nützt damit vor allem dem Endverbraucher – daher befürwortet Hipp ihn. Der Wettbewerb setzt damit aber auch die Bedingungen des Handelns und schränkt Handlungsmöglichkeiten ein.

Folge: Da der Wettbewerb unter Konkurrenten zum

Wohlergehen aller beiträgt, ist Hipp verpflichtet, sich daran zu halten. Dies legitimiert den immerwährenden Versuch, die Konkurrenten mit legalen und fairen Mitteln zu übertreffen, und lässt Hipp ein langfristig wettbewerbsgerechtes Verhalten von seinen Mitarbeitern erwarten.

1.6 Innovations- und Wachstumsorientierung

Regel: Bei Hipp werden Innovationen und Wachstum in einem wirtschaftlich vernünftigen Rahmen nach Kräften gefördert. Innovationen tätigen heißt, neue Produkte auf alten und neuen Märkten zu etablieren, Ideen für Innovation und Wachstum zu produzieren ist eine dauernde und wichtige Aufgabe von Hipp.

Grund: Ein Unternehmen, das sich nur auf am Markt errungenen Meriten ausruht, läuft langfristig Gefahr, durch Konkurrenten vom Markt verdrängt zu werden, wenn diese den Bedürfnissen der Kunden durch vorteilhaftere Angebote besser gerecht werden können. Einen großen Rückstand wieder aufzuholen ist aus eigenen Kräften oft nicht mehr möglich. Dem muss durch Pioniertätigkeit oder zumindest aktivem Schritthalten mit der Konkurrenz gegengesteuert werden.

Folge: Innovationsverhinderndes oder -hemmendes Verhalten ist bei Hipp nicht erwünscht. Innovative Ideen selbst und die Förderung und Umsetzung von Innovationen hingegen sind als wertvoller Beitrag zum Unternehmenserfolg zu bewerten und zeichnen besonders wertvolle Mitarbeiter von Hipp aus.

1.7 Beteiligungen an fremden Unternehmen

Regel: Beteiligungen von Hipp an und Aktienbesitz von fremden Unternehmen, in deren Geschäftsführung Hipp keine Eingriffsmöglichkeiten hat, sind nur dann zulässig, wenn diese Unternehmen nicht offenbar den Zielen und Einstellungen von Hipp widersprechen. Von diesem Grundsatz darf nur dann abgewichen werden, wenn eine geringe Beteiligung für den Erfolg des Hipp-Kerngeschäfts eine wichtige Bedeutung hat.

Grund: Grundsätzlich sollten nur solche Beteiligungen und Aktien gehalten werden, die das Image von Hipp nicht belasten. Eine Beteiligung an einem Unternehmen, das hohe Gewinne erzielt, allen gesetzlichen Erfordernissen nachkommt und nicht gegen Grundeinstellungen von Hipp verstößt, widerspricht dieser Regel nicht, solange das Image von Hipp darunter nicht leidet. Legitim ist es schließlich auch, sich über eine geringe Beteiligung legal Informationen über andere Unternehmen zu beschaffen – auch über solche, mit deren Geschäftsgebaren Hipp grundsätzlich nicht einverstanden ist.

Folge: Jede Fremdbeteiligung ist jährlich auf ihr Imageschädigungspotenzial oder auf ihren Informationsbeschaffungswert zu überprüfen. Ist das Imageschädigungspotenzial zu groß und/oder bietet sie keine Informationen mehr, ist sie abzustoßen.

2 Verhalten gegenüber Mitarbeitern

2.1 Unternehmensinterne Kommunikation

Regel: Die Mitarbeiter des Hauses Hipp sind, soweit wie für ihren Aufgabenbereich nötig und möglich, über alle relevanten Informationen im und über das Unternehmen, d. h. Ziele, Strategien und Veränderungen, auf dem Laufenden zu halten. Der jeweils Vorgesetzte übernimmt diese Aufgabe.

Grund: Es ist wichtig, seine Mitarbeiter möglichst weitgehend zu informieren. Je höher der Informationsgrad des Einzelnen ist, desto besser kann er sich mit seinem Unternehmen identifizieren, und je weiter Informationen gestreut sind, desto mehr Mitarbeiter können zu Problemlösungen beitragen. Dass allerdings nicht alles sofort bekanntgegeben werden kann, versteht sich von selbst, und so sollte für die langfristige Erfolgsorientierung ein auf die Mitarbeiter vertrauendes Abwägen des optimalen Informationsgrades und -zeitpunkts die Grundhaltung bilden.

Folge: Eine korrekte und motivierende Information der Mitarbeiter ist Aufgabe der Führungskräfte. Von den Mitarbeitern wird nach Unterschrift der Geheimhaltungserklärung natürlich erwartet, ihre Informationen vertraulich zu behandeln. Zuwiderhandlungen werden bei Mitarbeitern und Vorgesetzten negativ beurteilt und ziehen in schwerwiegenden Fällen rechtliche Schritte nach sich.

2.2 Zielvereinbarungen mit Führungskräften

Regel: Mit jeder Führungskraft ist im Anschluss an das Beurteilungsgespräch eine Zielvereinbarung bezüglich der Ziele für die nächste Beurteilungsperiode abzuschließen. In der Vereinbarung wird festgelegt, was die Führungskraft in der kommenden Periode leisten soll, von welchen Prämissen dabei ausgegangen wird und welche Veränderungen berücksichtigt werden müssen.

Grund: Die Festlegung auf bestimmte Ziele ermöglicht es der Führungskraft, sich für die Erledigung der anvertrauten Aufgaben zu motivieren. Damit ist eine engere Bindung des Mitarbeiters an das Unternehmen zu erreichen. Dies gilt, solange das Ziel nicht durch vorhersehbare Nichterreichbarkeit den gegenteiligen Effekt hat. Außerdem unterstützt die Möglichkeit, langfristig planen zu können, zusätzlich den

Prozess der Ausrichtung auf einen langfristigen Erfolg des Unternehmens.

Folge: Von seinen Führungskräften erwartet Hipp, dass sie sich auf anspruchsvolle, aber erreichbare Ziele festlegen lassen. Von allen Mitarbeitern wird erwartet, dass sie an der Formulierung und Festlegung dieser Ziele mitwirken und sie tatkräftig umsetzen. Die Zielerreichung spielt eine wichtige Rolle bei der Mitarbeiterbeurteilung.

2.3 Mitarbeiterauswahl

Regel: Mitarbeiter der Firma Hipp werden im Rahmen des gesetzlich Zulässigen nach langfristigen Effizienzkriterien ausgewählt. Wenn über die Eignung des Mitarbeiters entschieden wird, spielen soziale Kompetenzen und die im für den Mitarbeiter vorgesehenen Einsatzbereich bereits vorhandenen sowie die zukünftig erschließbaren Leistungspotenziale eine große Rolle.

Grund: Ohne das Mitwirken und die Leistung der Mitarbeiter kann es für Hipp keine Erträge geben. Das Unternehmen kann nur dann langfristig erfolgreich sein, wenn es die richtigen Mitarbeiter hat – für heute heißt das leistungswillige und -fähige, für morgen lernwillige und -fähige Mitarbeiter. Bei der Mitarbeiterauswahl muss man daher auf heute nutzbare

Leistungspotenziale ebenso achten wie auf zukünftig entwickelbare.

Folge: Die Mitarbeiterauswahl ist eine zentrale Aufgabe von Führungskräften. Hipp erwartet von ihnen einen erfolgsorientierten, umsichtigen und gesetzeskonformen Umgang mit dieser Aufgabe. In der Beurteilung von Führungskräften nimmt die Mitarbeiterauswahl einen wichtigen Platz ein, da sie damit über einen wichtigen Teil der zukünftigen Entwicklung des Unternehmens entscheiden.

2.4 Aus- und Weiterbildung

Regel: Die Aus- und Weiterbildung der Mitarbeiter und Führungskräfte von Hipp ist zielorientiert darauf auszurichten, dass sie immer auf dem neuesten Stand des notwendigen Wissens in ihrem Aufgabenfeld sein können. Dies erfordert eine Analyse der Neuerungen und eine langfristige Planung der zukünftig notwendigen Qualifikationen und Weiterbildungsmaßnahmen.

Grund: Der Ausbildungsstand der Mitarbeiter ist eine entscheidende Voraussetzung, um im Wettbewerb bestehen zu können. Nur eine gut und zeitgemäß ausgebildete Mannschaft hat im dynamischen Wirtschaftsleben eine Chance, sich durchzusetzen. Die Veränderungen, denen ein Unternehmen heute ausgesetzt ist, nehmen an

Zahl, Umfang und Komplexität gewaltig zu und machen eine zielgerichtete Aus- und Weiterbildung von Mitarbeitern unabdingbar.

Folge: Wer nicht lernwillig ist oder für sich und seine Mitarbeiter die Notwendigkeit zur Weiterbildung nicht sehen kann oder will, muss sich bewusst sein, eine wesentliche Voraussetzung seines Arbeitsplatzes bei Hipp nicht zu erfüllen. Dies geht in seine Beurteilung negativ ein und disqualifiziert für jede Führungsposition.

2.5 Auswahl und Entwicklung von Führungskräften

Regel: Bei Auswahl und Entwicklung von Führungskräften ist darauf zu achten, dass sie folgende Qualifikationen aufweisen bzw. erlernen: Fürsorge für ihre Mitarbeiter; Gerechtigkeitssinn; Einfühlungsvermögen; Fähigkeit, Information so zu vermitteln, dass sie verstanden wird; Fähigkeit, bei Mitarbeitern vorhandene Motivation freizusetzen; Fähigkeit, klare, vom Mitarbeiter akzeptierte Ziele zu vermitteln, und Bereitschaft, Verantwortung an Mitarbeiter zu delegieren. Zudem gehören aber auch Fähigkeit und Bereitschaft, selbst kompetente Nachwuchsführungskräfte zu entwickeln und zu fördern, zu den Qualifikationen, die eine Führungskraft mitzubringen hat.

Grund: Obwohl es eine Vielzahl von unterschiedlichen fachlichen Gründen für die Eignung zur

Führungskraft gibt, sind die oben aufgeführten Qualifikationen als allgemeine Voraussetzung für die erfolgreiche Führung von Mitarbeitern anzusehen. Soweit dies im Auswahl- und Entwicklungsprozess möglich ist, sollten sie daher eruiert werden und bei erkanntem Nichtvorhandensein zum Anlass für weitere Fortbildung oder Nichteinstellung bzw. -beförderung herangezogen werden. Fachliche Gründe allein dürfen nicht den Ausschlag zur Besetzung von Führungspositionen geben.

Folge: Es ist eine der entscheidenden Aufgaben einer leitenden Führungskraft, die richtigen Führungskräfte einzusetzen, an die dann auch Entscheidungskompetenzen delegiert werden können. Auswahl und Entwicklung von Nachwuchsführungskräften spielt daher bei ihrer Beurteilung eine maßgebliche Rolle.

2.6 Mitarbeiterbeurteilung

Regel: Einmal im Jahr ist jeder Mitarbeiter von seinem Vorgesetzten zu beurteilen. In der Beurteilung sind alle für das Unternehmen relevanten Entwicklungen, Erkenntnisse und Ereignisse bezüglich des Mitarbeiters in einem Umfang zu erfassen, der eine umfassende Einschätzung des Beurteilten ermöglicht. Dieses Bild ist Grundlage für die Planung der Entwicklung des Mitarbeiters bei Hipp.

Grund: Eine Beurteilung seiner Mitarbeiter ist für jedes Unternehmen wichtig, um ihre individuellen Eigenheiten kennenzulernen und möglichst optimal zu nutzen, denn sie zwingt den Vorgesetzten dazu, sich intensiv mit seinen Mitarbeitern zu befassen. Auf diese Weise gelingt es ihm auch, Weiterbildungsbedarf zu erkennen oder frühzeitig festzustellen, dass ein bestimmter Mitarbeiter nicht auf seine Stelle passt. Eine langfristige Erfolgsorientierung setzt eine solche Mitarbeiterbeurteilung schon allein im Hinblick auf Personalentwicklungsmaßnahmen zwingend voraus.

Folge: Die Führung eines konstruktiven Beurteilungsgesprächs wird von Vorgesetzten und Mitarbeitern erwartet. Daraus ergibt sich für Führungspositionen, dass sie korrekt und gerecht beurteilen können müssen.

2.7 Führungskräftebeurteilung

Regel: Jede Führungskraft ist mindestens alle zwei Jahre von ihren Mitarbeitern anonym zu beurteilen. In der Beurteilung sind alle für das Unternehmen relevanten Leistungen, Entwicklungen, Erkenntnisse und Ereignisse insbesondere bezüglich des Führungsverhaltens der Führungskraft in einem Umfang zu erfassen, der ein umfassendes Bild des Beurteilten eröffnet. Die Beurteilungsergebnisse müssen bei der nächsten Mitarbeiterbeurteilung der Führungskraft vom jeweiligen Vorgesetzten thematisiert werden.

Grund: Eine Beurteilung von Führungskräften ist für Unternehmen und Führungskräfte von Vorteil. Es ermöglicht den Führungskräften, sich selbst ein Bild über die Resonanz ihrer Leistung bei ihren Mitarbeitern zu machen und zu erkennen, wo sie sich verbessern können, und fördert damit den langfristigen Unternehmenserfolg.

Folge: Organisation und Durchführung einer Führungskräftebeurteilung wird von Führungskräften erwartet. Dabei wird davon ausgegangen, dass sie die Anonymität ihrer Beurteiler gewährleisten und konstruktiv mit der erfahrenen Kritik umgehen.

2.8 Mitarbeiterentlohnung

Regel: Die Entlohnung der Mitarbeiter bei Hipp ist gerecht und angemessen zu gestalten. Jeder Mitarbeiter soll die Entlohnung erhalten, die seiner Leistung entspricht. Dies ist offen im Rahmen des Beurteilungsgesprächs zu erörtern und in Abstimmung mit der Personalabteilung festzulegen.

Grund: Eine leistungsgerechte Entlohnung, die sich natürlich auch am Arbeitsmarkt orientiert, ist Grundvoraussetzung für zufriedene Mitarbeiter. Jeder Mitarbeiter muss das Gefühl haben, dass seine Leistung absolut und relativ gebührend honoriert wird. Ist dem nicht so, wird er zum langfristigen Nachteil von Hipp nicht mehr bereit sein, vollen Einsatz für das Unternehmen zu erbringen.

Folge: Der Lohngerechtigkeit im Sinne einer leistungsgerechten Entlohnung ist von Führungskräften unbedingt Folge zu leisten. Anträge auf Lohnerhöhung sind daher mittels eines Quervergleichs mit vergleichbaren Stellen unter Berücksichtigung der persönlichen Leistung ernsthaft zu prüfen.

2.9 Entlassungen

Regel: Entlassungen werden bei Hipp, soweit möglich, vermieden. Sie werden nur dann vorgenommen, wenn alle anderen Wege der Problemlösung zwischen Unternehmen und Mitarbeitern, wie z. B. Kurzarbeit, Versetzung, Umschulung, Disziplinarmaßnahmen, Therapie etc., nicht (mehr) in Betracht kommen.

Grund: Entlassungen können den betroffenen Mitarbeiter in schwerwiegende finanzielle und familiäre Probleme stürzen. Deshalb kann sich das Betriebsklima durch die dauernde Gefahr einer unerwarteten Kündigung bei den Mitarbeitern schnell verschlechtern. Außerdem entstehen dem Unternehmen erhebliche Kosten, wenn häufig neue Mitarbeiter eingeführt und angelernt werden müssen.

Folge: Der Umgang mit Entlassungen ist von Führungskräften mit höchster Feinfühligkeit zu handhaben. Weder dürfen zu viele Mitarbeiter eingestellt werden, da dies Entlassungen nach sich ziehen muss, noch sollte mit Entlassungen aus kurzfristigen Motiven leichtfertig umgegangen werden. Insbesondere bei geplanten Rationalisierungsmaßnahmen sind durch die rechtzeitige Befristung von Neueinstellungen spätere Entlassungen zu vermeiden.

2.10 Entlassungsmethoden

Regel: Ist eine Entlassung unvermeidbar, wird bei Hipp stets versucht, die Abwicklung für den Betroffenen möglichst sozial verträglich zu gestalten. Das bedeutet, dass Hipp sich verpflichtet fühlt, seinen zu entlassenden Mitarbeitern bei ihrer Neuorientierung in möglichst umfangreichem Rahmen hilfreich zur Seite zu stehen.

Grund: Eine Entlassung ist für keinen angenehm. Der Mitarbeiter, der für uns tätig war, aber auch jeder verbleibende Mitarbeiter sollte gerade hier erkennen, dass Hipp seine Würde als Mensch achtet und auch jetzt noch eine soziale Verantwortung für ihn übernimmt. Dies strahlt ein positives Licht auf verbleibende Mitarbeiter und zukünftige Bewerber ab.

Folge: Bei jeder Entlassung ist für den einzelnen Mitarbeiter die Vorgehensweise festzulegen. Dazu gehört eine Beratung über die finanziellen Möglichkeiten in der Zeit nach dem Ausscheiden und das Ausschöpfen der legalen Gestaltungsspielräume zur Vermeidung von Nachteilen.

2.11 Arbeitszeit und Familie

Regel: Hipp ist bestrebt, die Familie zu fördern und den familiären Belangen der Mitarbeiter soweit als möglich Rechnung zu tragen. Bei den Arbeitszeiten sollen daher die betrieblichen Anforderungen mit den persönlichen Belangen über flexible Arbeitszeitregelungen möglichst optimal in Einklang gebracht werden. Die Familie und Anforderungen der Kindererziehung sind dabei besonders zu berücksichtigen, damit die Eltern ihre Kinder selbst erziehen können und nicht in fremde Hände geben müssen.

Grund: Um langfristig erfolgreich sein zu können, braucht Hipp Mitarbeiter, die gesund sind und in einem gesunden sozialen Umfeld leben. Deshalb müssen sie Erholungsphasen bekommen sowie zeitlich die Möglichkeit erhalten, auch ihr privates Umfeld – vor allem die Familie – aktiv zu gestalten. Hipp legt daher besonderen Wert darauf, dass seine Mitarbeiter ihr Privatleben familiengerecht einrichten können. Ein freier Sonntag ist für Hipp in diesem Zusammenhang besonders wertvoll. Ebenso ist eine reibungslose Abwicklung von Erziehungsurlaub und Wiedereingliederung zu gewährleisten.

Folge: Hipp erwartet von seinen Führungskräften, dass sie in der Arbeitszeitgestaltung individuell auf die familiären Belange der Mitarbeiter eingehen, sei es durch Angebote von Teilzeitarbeit, wo möglich, sei es bei der Einteilung in Schichten oder bei der Gewährung des Jahresurlaubs. Sonderarbeiten wie EDV-Systemumstellungen, Sonderschichten etc. sind nach Möglichkeit am Samstag, nicht am Sonntag durchzuführen. Das Eingehen auf Familienbelange der Mitarbeiter findet als Kriterium bei der Führungskräftebeurteilung Berücksichtigung.

2.12 Vorschlagswesen

Regel: Vorschläge der Mitarbeiter zur Verbesserung der Abläufe im Unternehmen, vor allem aber zum Qualitätsmanagement, Umweltschutz, Ethik-Management und zum Arbeitsschutz, sind ein wertvoller Beitrag zum Unternehmenserfolg und deshalb zu fördern, angemessen anzuerkennen und zu honorieren.

Grund: Bei jeder Tätigkeit im Unternehmen ist davon auszugehen, dass derjenige, der die Tätigkeit ausübt, einen tiefen Einblick in die Ausführung hat. Kein Unternehmen sollte es sich daher leisten, sich nicht um die Ideen derer zu kümmern, die diese Einblicke haben. Von hier können beste Ideen bezüglich der Verfahren, des Qualitätsmanagements, des Umweltschutzes und der Arbeitssicherheit kommen.

Folge: Jeder Verbesserungsvorschlag ist von den für den Bereich Verantwortlichen genauestens auf seine Wirtschaftlichkeit zu prüfen. Ist diese gegeben, ist der Vorschlag mit Kreativität umzusetzen. In der Beurteilung von Führungskräften ist die Förderung und erfolgreiche Umsetzung von Mitarbeitervorschlägen als ein wichtiges Indiz ihrer Führungskompetenz zu bewerten.

2.13 Arbeitssicherheit

Regel: Der Sicherheit von Mitarbeitern, Produkten und Einrichtungen misst Hipp hohe Priorität bei. Hipp verpflichtet sich daher, alle Maßnahmen zu treffen, die nach der Erfahrung notwendig, nach dem Stand der Technik anwendbar und den gegebenen Verhältnissen angemessen sind, um die Sicherheit von Arbeitsplätzen und Arbeitsabläufen zu gewährleisten. Jeder Mitarbeiter ist aufgerufen, in Eigenverantwortung bei jeder Handlung den Aspekten der Sicherheit für sich und seine Mitmenschen Rechnung zu tragen. Dasselbe erwarten wir auch von unseren Lieferanten und Mitarbeitern von Fremdfirmen.

Grund: Sicherheitsdenken beruht auf der Einsicht, dass jeder Unfall oder Störfall vermeidbar ist und höhere Leistungsbereitschaft nur in Kombination mit verbesserter Sicherheit erwartet werden kann. Zur Absicherung der Mitarbeiter gegen Unfälle gehört im Hause Hipp auch, dass sie nach einem trotzdem möglichen Unfall durch eine von Hipp finanzierte Unfallversicherung unterstützt werden.

Folge: Neben der Einhaltung von Vorschriften und Maßnahmen ist jeder angesprochen, durch seine Haltung und seinen persönlichen Einsatz zur Risikominderung beizutragen. Sicherheit ist ein permanenter Prozess, eine täglich wiederkehrende Herausforderung, der sich jeder stellen muss. Es liegt im Interesse aller, eine offene Kommunikation über Risiken zu führen. Verantwortliche Vorgesetzte und Fachkräfte werden bei der Mitarbeiterbeurteilung diesbezüglich begutachtet.

2.14 Interessenvertretung der Mitarbeiter

Regel: Der Interessenvertretung der Mitarbeiter durch den Betriebsrat steht Hipp grundsätzlich positiv gegenüber und geht auf dessen Anregungen zum Vorteil von Unternehmen und Mitarbeitern gerne ein. Wird der Betriebsrat aber als

Forum außerbetrieblicher oder gar politischer Interessen benutzt, belastet dies eine vertrauensvolle Zusammenarbeit.

Grund: Anregungen zur Verbesserung der Unternehmenssituation, insbesondere zum Vorteil der Mitarbeiter, sind ganz im Sinne von Hipp. Das erhöht die Bindung zwischen Mitarbeiter und Unternehmen, solange der langfristige Erfolg des Unternehmens dadurch unterstützt wird. Problematisch sind aber auf diesem Wege herangetragene Interessen, die mit dem Unternehmen nicht in direktem Zusammenhang stehen. Gegen diese muss Hipp sich auch im langfristigen Interesse der Mitarbeiter zur Wehr setzen.

Folge: Alle Führungskräfte sind dazu angehalten, sich kooperativ mit dem Betriebsrat zu verhalten und dabei immer die Interessen des Unternehmens im Auge zu behalten.

3 Verhalten der Mitarbeiter

3.1 Gesprächskultur

Regel: Im zwischenmenschlichen Miteinander bei Hipp ist darauf zu achten, dass in Achtung vor dem anderen und mit Formen der Höflichkeit miteinander und übereinander gesprochen wird. Inhaltlich muss und darf gestritten werden, dies ist aber von allen von einer persönlichen Ebene zu unterscheiden.

Grund: Die Form des Umgangs in einem Unternehmen wird maßgeblich von der Art der unternehmensinternen Sprache geprägt. Für ein langfristig gelingendes Miteinander sind ein Umgangston, der die Würde des Menschen im Gegenüber anerkennt und achtet, und ein familiäres Betriebsklima Grundvoraussetzung. Zusätzlich bedarf es aber auch einer bewusst sachlich gehaltenen Art der Auseinandersetzung, die für Kritik offen ist, um langfristig erfolgreich sein zu können.

Folge: Hipp erwartet von seinen Mitarbeitern einen menschenwürdigen Umgangston mit- und übereinander sowie die Fähigkeit, sich mit Kritik positiv auseinandersetzen zu können. Dies ist ein entscheidender Bestandteil der Beurteilung der sozialen Kompetenz der Mitarbeiter.

3.2 Ehrgeiz und Rücksichtnahme

Regel: Ein reibungsloses Zusammenarbeiten erfordert einerseits Interesse, Verständnis und Rücksichtnahme für die Belange und den Arbeitsbereich des anderen, andererseits verbietet es Kompetenzgerangel sowie rücksichtsloses und intrigantes Verhalten, das egoistisches Macht- und Geldstreben über die Interessen des Unternehmens stellt.

Grund: Ein gesunder, maßvoller Ehrgeiz des Einzelnen, der sich in hohem Engagement äußert, ist wichtig und bringt das Unternehmen als Ganzes voran. Übereifer aber, intrigantes Verhalten, Anschwärzen von Kollegen durch Hervorheben von tatsächlichen oder vermeintlichen Fehlern bringen, wenn sie nicht als solche erkannt werden, eine für das Unternehmen sehr schädliche Eigendynamik hervor: Intriganten werden dann zu Führungskräften, und intrigante Führungskräfte wählen wieder Mitarbeiter mit dem gleichen Handlungsmuster zu Führungskräften aus. Intrigen und gegenseitige Bespitzelung sind jedoch keine Atmosphäre, in der Vertrauen, gesunde Einsatzfreude und Verantwortungsbereitschaft wachsen können.

Folge: Führungskräfte müssen sehr sorgfältig darauf achten, dass sie intrigantes Verhalten erkennen und es niemals unterstützen oder belohnen. Mitarbeitern, die gegen ihren Vorgesetzten intrigieren, um sich an dessen Stelle zu setzen, erweisen sich damit für die Übernahme von Führungsaufgaben als nicht geeignet. Verleumdungen ist nicht nur kein Gehör zu schenken, sondern es ist auch durch geeignete Maßnahmen eine Wiederholung zu verhindern.

3.3 Loyalität zum Unternehmen

Regel: Die Mitarbeiter von Hipp haben eine loyale Einstellung zum Unternehmen. Voller Einsatz am Arbeitsplatz und Pflege firmeneigener

Sachwerte – dazu zählt auch der rechte Gebrauch von PC und Internet – sind die Grundhaltung für ihre langfristig erfolgreiche Zusammenarbeit mit Hipp.

Grund: Loyal heißt in diesem Zusammenhang nicht ein Zu-allem-ja-Sagen, sondern versteht sich als ein konstruktives Handeln im Interesse des Unternehmens. Ohne eine loyale Einstellung der Mitarbeiter zum Unternehmen kann eine Zusammenarbeit langfristig nicht gelingen, denn es ist unmöglich, alle Mitarbeiter dauernd zu kontrollieren.

Folge: Die Unterstützung loyalen Verhaltens und die Sanktionierung illoyalen Verhaltens ist zur Aufrechterhaltung der Loyalität entscheidend, damit der Loyale nicht langfristig Nachteile hat. Illoyalem Verhalten ist daher vom Vorgesetzten entgegenzutreten. So ist zum Beispiel die missbräuchliche Nutzung von PC und Internet zum Privatvergnügen als illoyal zu betrachten und durch die zuständige Führungskraft zu unterbinden.

3.4 Bestechlichkeit

Regel: Bestechlichkeit ist bei Hipp streng verboten. Alle persönlichen Zuwendungen von Marktpartnern an Mitarbeiter sind von diesen unverzüglich dem Vorgesetzten anzuzeigen und bei Aufforderung an diesen auszuhändigen.

Grund: Bestechliche Mitarbeiter sind sowohl für Hipp als auch für den Endverbraucher ein Nachteil, da die Produkte nicht mehr nach rein sachlichen Aspekten hergestellt werden. Langfristig wird die Wettbewerbsposition des Unternehmens gefährdet, wenn nicht Qualität und Wirtschaftlichkeit die höchsten Prämissen sind.

Folge: Bestechlichkeit ist daher in jedem Fall eine schwerwiegende Verfehlung und muss zu einer fristlosen Kündigung führen.

3.5 Organisationseinordnung

Regel: Die Mitarbeiter von Hipp ordnen sich in Organisation und Hierarchie des Hauses ein. Jeder fügt sich in seine vorkonfigurierte Einheit unter der Leitung seines Vorgesetzten ein und hält sich an alle Entscheidungen, die im Rahmen des vorgesehenen Entscheidungssystems getroffen worden sind. Andererseits sind die Beiträge zu Weiterentwicklung und Verbesserung der Organisation und des Entscheidungssystems Aufgabe eines jeden.

Grund: Um langfristig erfolgreich sein zu können, muss jedes Unternehmen in einem Entscheidungssystem festlegen, welche Entscheidungen von wem wann und wie zu beachten sind. Hierzu gehören insbesondere das Unternehmensleitbild, die Führungsprinzipien, das Ethik-Management und das QM-Handbuch. Um das

Unternehmen auf eine langfristige Erfolgserzielung auszurichten, müssen sich alle Mitarbeiter einerseits in das vorhandene Entscheidungssystem einfügen, andererseits ist jeder aufgerufen, seinen Beitrag für die Weiterentwicklung der Organisation zu leisten, und auch bereit sein, Aufgaben zu übernehmen, die nicht zu seinem ursprünglichen Zuständigkeitsbereich gehören.

Folge: Hipp erwartet von seinen Mitarbeitern, sich in Organisation und Hierarchie des Hauses einzufügen und einen aktiven Beitrag zur Weiterentwicklung zu leisten. Dies hat auf die Mitarbeiterbeurteilung einen maßgeblichen Einfluss. Destruktiv anpassungsunfähiges oder -unwilliges Verhalten ist hierbei negativ zu bewerten, konstruktives Querdenken hingegen positiv.

3.6 Unternehmergeist der Mitarbeiter

Regel: Die Mitarbeiter von Hipp stehen in einem gesunden Verhältnis zu Chance und Risiko. Jeder ist immer bestrebt, neue, erfolgversprechende Ideen einzubringen und umzusetzen, doch wird dabei nicht fahrlässig mit hohem Risiko gespielt.

Grund: Jedes Unternehmen lebt vom Unternehmergeist seiner Mitarbeiter. In vielen Positionen spielt der Mut, etwas Neues, Ungewisses zu wagen, im Unternehmen eine große Rolle.

Draufgängertum hingegen, vor allem mit fremder Leute Geld, ist unerwünscht, da es die langfristige Existenz von Hipp in Frage stellt.

Folge: Hipp erwartet von seinen Mitarbeitern einen gewissenhaften Umgang mit dem Risiko. Führungskräften obliegt es dabei, ihre Mitarbeiter zu vertrauensvollem, eigenverantwortlichem Handeln anzuleiten oder zu steuern, das keine kleinliche Kontrolle benötigt. Dies ist eine wichtige Komponente ihrer Führungskompetenz.

3.7 Zeit- und Kostenmanagement

Regel: Zeit ist ein knappes Gut und optimal zu nützen. Dienstreisen sind auf das notwendige Maß zu beschränken, Besprechungen müssen daher in kleinem Rahmen und kurz gehalten werden. Selbstdarstellungen, mit denen anderen kostbare Zeit gestohlen wird, sind zu vermeiden und zu unterbinden.

Grund: Die eigene Zeit und die Zeit anderer zu verschwenden bedeutet, mit den knappen Ressourcen des Unternehmens leichtsinnig umzugehen. Zeitbewusstes Handeln ist die Voraussetzung für kostenbewusstes Handeln. Ein verantwortungsvoller Umgang mit der Zeit ist erforderlich, damit Ziele schnell erreicht und die Kosten gering gehalten werden können.

Folge: In Besprechungen sind lange Beschreibungen der Arbeit, die zu einem gewissen Ergebnis geführt hat, meist unnötig. Präsentationen sollen in möglichst knapper Form die Ergebnisse darstellen. Zeit- und Kostenbewusstsein sind als Kriterien in den verschiedenen Beurteilungssystemen zu berücksichtigen.

3.8 Informationsaustausch

Regel: Beim internen E-Mail-Verkehr und internen Telefonaten gilt: so kurz wie möglich. Der Verteiler ist so groß wie nötig, nicht so groß wie möglich zu wählen. Andererseits dürfen wichtige Informationen denjenigen Kollegen, die sie benötigen, nicht vorenthalten werden. E-Mails sollen in Stil und Sprache einfach und sachlich sein. Aggressionen dürfen nicht über E-Mail abreagiert werden.

Grund: Lange Ausführungen in E-Mails erhöhen die Wahrscheinlichkeit, dass sie vom Empfänger, dessen Zeit wertvoll ist, überhaupt nicht gelesen werden. Eine große Flut an zu langen und zu umfangreichen Informationen verstellt den Blick für das Wesentliche und verhindert oder verzögert das für den Augenblick wichtige Tun. Auf der anderen Seite ist das gezielte Vorenthalten von denjenigen Informationen, die der andere für seine Arbeit dringend braucht, als Mobbing einzustufen und wie dieses nicht akzeptabel.

Folge: E-Mails an alle Mitarbeiter dürfen nur von wenigen festgelegten Stellen im Hause und nur zu besonderen Anlässen versandt werden. Kritik ist nicht auf schriftlichem Weg zu äußern, sondern mündlich und in einer Weise, dass der andere es als wohlmeinenden Vorschlag zur Verbesserung des eigenen Arbeitsbereiches verstehen kann. E-Mails, die den anderen vor einem großen Verteiler bloßstellen, sind zu vermeiden bzw. zu untersagen.

3.9 Know-how-Weitergabe

Regel: Mitarbeiter von Hipp, die während ihrer Zugehörigkeit zum Unternehmen spezifisch wettbewerbsrelevantes Wissen und Können erworben haben, geben dieses in Form von Anlernen, Einführung und Dokumentation an neue oder andere Mitarbeiter im Unternehmen weiter. Nach außen gilt: Kein Wissen darf abfließen, weder durch Pressebeiträge noch durch prahlerische Selbstdarstellung auf externen Veranstaltungen.

Grund: Langjährige Mitarbeiter sind besonders wertvoll, denn sie erwerben sich über die Dauer ihrer Betriebszugehörigkeit beträchtliche Sachkompetenz und vereinen einzigartiges unternehmensspezifisches Wissen in sich. Wettbewerbsvorteile ergeben sich häufig gerade aus dieser Quelle. Für die langfristig erfolgreiche

Entwicklung des Unternehmens ist es daher wichtig, dieses Wissen weiterzugeben und möglichst in dokumentierter Form vorliegen zu haben. Andererseits ist zur Sicherung der Wettbewerbsvorteile nach außen das Gegenteil unerlässlich. Hier schützen Verschwiegenheit und Vorsicht der Mitarbeiter vor dem Aushorchen von Einzelheiten, was dem Unternehmen in Zukunft schaden kann.

Folge: Hipp erwartet von seinen Mitarbeitern, dass sie im Innenverhältnis ihr für Hipp bedeutendes Spezialwissen in angemessener Form weitergeben: durch schriftliche Fixierung im QM-Handbuch, durch sonstige schriftliche Fixierung oder durch praktisches Einweisen und Anlernen von Vertretern und Nachfolgern. Im Außenverhältnis ist durch die arbeitsvertragliche Verpflichtung jedes Mitarbeiters die Weitergabe von Spezialwissen zu verhindern. Zuwiderhandlungen schlagen sich bei der Mitarbeiterbeurteilung negativ nieder.

3.10 Gesellschaftliche Haltung der Mitarbeiter

Regel: Alle Mitarbeiter von Hipp stehen der aus christlicher Tradition kommenden freiheitlich-demokratischen Gesellschaftsordnung offen und positiv gegenüber. Sie nehmen aktiv an der Gestaltung der Welt, in der wir leben wollen, teil, indem sie ihre Rechte und Pflichten wahrnehmen, ohne die Ordnung selbst zu gefährden.

Grund: Um langfristig einen positiven Einfluss auf die Gestaltung der Welt, in der wir leben wollen, zu haben, muss ein Unternehmen sich auf seine Mitarbeiter verlassen können. Diese sollen nicht nur im Unternehmen ein Lippenbekenntnis zur freiheitlich-demokratischen Gesellschaftsordnung abgeben, sondern diese ganzheitlich leben. Dies bezieht sich allerdings nur auf die Grundhaltung, nicht auf jede Einstellung. Mitgliedschaften in allen Konfessionen, Gewerkschaften oder demokratischen Parteien sind legitim, solche in subversiven Organisationen oder Glaubensgemeinschaften und undemokratischen Parteien sind aber nicht tolerierbar.

Folge: Personen, die sich bewusst und nachhaltig in Gruppierungen einbringen, die die freiheitlich-demokratische Gesellschaftsordnung oder die christliche Werteordnung gefährden oder bekämpfen, können nicht als Mitarbeiter bei Hipp arbeiten.

4 Verhalten gegenüber Staat und Gesellschaft

4.1 Erfüllung staatlicher Auflagen

Regel: Hipp erfüllt alle von staatlicher Seite legitimerweise auferlegten Aufgaben. Hipp hält sich hierbei an alle Gesetze und Verordnungen, liest diese aber auf die langfristig günstigste Weise, wenn verschiedene Auslegungsmöglichkeiten vertretbar sind. Wo es wettbewerbsbedingt möglich erscheint – etwa in den Bereichen Qualitätssicherung, Arbeitssicherheit, Umweltschutz und Förderung der Familie –, geht Hipp sogar über das von staatlichen Gesetzen Geforderte hinaus.

Grund: Als bewusstes Mitglied einer Gesellschaft, die sich des Staates zur Realisierung langfristiger Vorteile für alle bedient, akzeptiert Hipp die Auflagen des Staates, weil für das Funktionieren des Leistungswettbewerbs in der sozialen Marktwirtschaft sinnvolle Rahmenbedingungen in Form von Gesetzen und Verordnungen eine wichtige Voraussetzung sind.

Folge: Von den Mitarbeitern erwartet Hipp eine konsequente und korrekte Umsetzung aller Auflagen von staatlicher Seite. Dies hat von ihnen aber immer so zu geschehen, dass sie die im Rahmen des Legalen für Hipp langfristig günstigste Form der Erfüllung realisieren. Gleichzeitig ist über Verbände und politische Kontakte auf die Verbesserung der gesetzlichen Rahmenbedingungen und die Rückführung innovationsfeindlicher Reglementierungen hinzuwirken. Gelingt dies, ist es als Zeichen herausragender Führungskompetenz zu bewerten.

4.2 Verhalten gegenüber Behörden

Regel: Hipp ist auf Kooperation mit staatlichen Behörden eingestellt. Soweit es aus wettbewerblichen Überlegungen möglich ist, soll ihnen gegenüber eine offene Informationspolitik betrieben werden. Die Kooperation soll dabei möglichst über gesetzliche Vorschriften hinausgehen. Gegenüber dem Finanzamt sind einerseits die gesetzlichen Vorschriften einzuhalten, andererseits sind bei strittigen Fragen die Interessen des Unternehmens von den betroffenen Mitarbeitern mit Nachdruck zu vertreten und zu verteidigen.

Grund: Behörden sind staatliche Institutionen, die in der Gesellschaft die Aufgabe wahrnehmen, Bedingungen zu schaffen, die Interaktionen zum langfristigen, gegenseitigen Vorteil aller ermöglichen. Daher ist es für Hipp in zweifacher Hinsicht vorteilhaft, mit ihnen zu kooperieren: Einerseits bietet sich so die Möglichkeit, auf die Gestaltung der Bedingungen Einfluss zu nehmen, und andererseits können die Behörden Hipp in vertrauensvoller Zusammenarbeit bei einer bestmöglichen Umsetzung der Vorgaben beraten. Grundausrichtung unseres Handelns bleibt dabei aber immer die langfristige Interessenlage von Hipp.

Folge: Hipp erwartet von seinen Mitarbeitern, dass sie sich um eine vertrauensvolle Kooperation mit Behörden bemühen, ohne die Interessen von Hipp dabei außer Acht zu lassen. Insbesondere gegenüber dem Finanzamt erwartet Hipp von Mitarbeitern, die bestmögliche, das heißt eine Steuer sparende Ausgestaltung der Arbeitsabläufe im Rahmen des gesetzlich Möglichen zu organisieren. Soziale Kompetenz in dieser Hinsicht ist in der Mitarbeiterbeurteilung positiv zu berücksichtigen.

4.3 Gesellschaftliches Engagement

Regel: Hipp ist sich seiner gesellschaftlichen Verantwortung bewusst und weiß um die Verpflichtung, sich im Rahmen der eigenen Möglichkeiten dort mit Engagement einzubringen, wo die Rahmenordnung lückenhaft ist oder wichtige Werte wie Schutz des Lebens oder Schutz des Eigentums in Frage stehen.

Grund: Die Rahmenordnung des gesellschaftlichen Lebens war nie und wird nie vollkommen sein – alles andere wäre eine trügerische Illusion. Der Staat kann nicht für alles sorgen. Dort, wo er es dennoch tun will, haben wir den totalen Staat, der für die eigene Lebensgestaltung, den persönlichen Einsatz und für wirtschaftliches Handeln Einzelner keine Freiräume bestehen lässt. Angesichts des allgemeinen Werteverlusts, der durch die Medien mehr und mehr beschleunigt wird, werden die auf dem Naturrecht basierenden Werte zunehmend in die Beliebigkeit von zufälligen politischen Mehrheiten gestellt.

Folge: Hipp erwartet von seinen Mitarbeitern ein Bewusstsein für einsatzbedingte Situationen; Hipp fördert Mitarbeiter, die außerbetrieblich im sozialen Bereich engagiert sind, und sichert denen, die einen Familienangehörigen zu pflegen haben, für eine begrenzte Zeit die Aufrechterhaltung des Arbeitsplatzes zu. Im Übrigen ist eine ausgewogene Einstellung hier von allen Mitarbeitern gefordert.

5 Verhalten in der Umwelt

5.1 Umweltschutz

Regel: Umweltschutz bedeutet für Hipp, dass sich alle Mitarbeiter an die vorhandenen unternehmensinternen Umweltleitlinien und -vorschriften halten. Sie gliedern sich dazu ohne Ausnahme in die Organisation des Umweltmanagementsystems ein.

Grund: Umweltschutz ist ein tragender Grundsatz von Hipp. Über die Einstellung zum Umweltschutz definiert sich Hipp als ein Unternehmen, das die Lebensbedingungen der Generationen von morgen gestalten will. Die Zukunft vorteilhaft für die kommenden Generationen zu gestalten kann sich für uns nicht allein in der Bereitstellung von hochwertigen Nahrungsmitteln für Säuglinge und Kleinkinder erschöpfen, sondern es verpflichtet uns auch dazu, unseren Beitrag zu einer gesunden Umwelt für ihr ganzes Leben zu leisten.

Folge: Jeder Mitarbeiter, der gegen die bei Arbeitsantritt unterschriebene Umwelterklärung verstößt, muss mit Sanktionen und in schwereren Fällen auch mit einer fristlosen Kündigung rechnen. Insbesondere sind Führungskräfte jederzeit dazu angehalten, auf die korrekte Einhaltung der Vorschriften zu achten und diese allen Mitarbeitern immer wieder ins Gedächtnis zu rufen.

5.2 Weiterentwicklung des Umweltschutzes

Regel: Die Umweltziele von Hipp sind im Rahmen der Umweltprogramme mit Bezug auf die Umweltleitlinien fortwährend auf ihre Aktualität und Verbesserungsfähigkeit hin zu überprüfen. Verbesserungsmöglichkeiten und -vorschläge sind genau auf Effektivität sowie Umsetzbarkeit zu überprüfen und wenn möglich durchzuführen.

Grund: Die Umweltorientierung von Hipp erschöpft sich nicht auf einem einmal festgelegten Niveau, denn sonst bestünde die Gefahr, dass sie nicht den sich dauernd verändernden äußeren Bedingungen angepasst werden könnte. Dies aber würde dem Ideal der Erhaltung einer möglichst gesunden Umwelt für die Generationen von morgen, die wir heute ernähren, widersprechen und uns von der langfristigen Erfolgsorientierung entfernen.

Folge: Von den Mitarbeitern wird ein Bewusstsein für Änderungsnotwendigkeiten und Engagement zur Entwicklung von Verbesserungsmöglichkeiten, von den Führungskräften zusätzlich ein konsequentes Umsetzen erwartet. Dies ist bei der Mitarbeiterbeurteilung genau zu berücksichtigen.

5.3 Umweltschutz als ordnungspolitische Aufgabe

Regel: Umweltschutz bedeutet für Hipp aber auch, dass dort, wo aus Gründen der Wettbewerbsfähigkeit keine Möglichkeit besteht, den Umweltschutz aus eigener Kraft voranzutreiben, versucht wird, auf politischem Wege Veränderungen zum Wohle der Umwelt zu erreichen.

Grund: Es gibt Situationen, in denen ein einseitiges, umweltschutzorientiertes Engagement von Hipp kurzfristig oder im Vergleich zu nicht beteiligten Wettbewerbern so gravierende wirtschaftliche Nachteile mit sich bringen würde, dass Hipp im Wettbewerb um seine Existenz fürchten müsste. Dem kann Hipp sich verantwortlicherweise nicht aussetzen. Erlegt der Staat allerdings allen Teilnehmern eines Marktes dieselben Schwierigkeiten auf, so wäre Hipp im

Wettbewerb nicht länger benachteiligt. Hipps Verantwortung liegt hier daher nicht im konkreten Umweltschutz, sondern in einem ordnungspolitischen Engagement.

Folge: Mitarbeiter und insbesondere Führungskräfte, die sich in dieser Hinsicht für Hipp und den Umweltschutz einsetzen, zeichnen sich damit besonders für verantwortungsvolle Aufgaben aus. Ein solches Engagement muss daher über die lobende Berücksichtigung in der Mitarbeiterbeurteilung hinaus öffentlich anerkannt, gelobt und wenn möglich auch honoriert werden.

Verantwortung für die Zukunft

Was ist uns die Schöpfung wert?

Ein wichtiger Punkt ist das Verhalten der Umwelt gegenüber. Seit etwa 30 Jahren hat ein Umdenkungsprozess in Bezug auf den Schutz unserer Umwelt stattgefunden. War einst der Umweltschutz noch eine Forderung von kleinen Gruppen, so ist dies heute ein Anliegen, was glücklicherweise alle gesellschaftlichen Gruppierungen mittragen. Viel ist erreicht worden, doch wir müssen noch viel tun, um wieder zu einem vernünftigen Verhältnis zwischen Mensch und Natur zu kommen, das heißt zu einem vernünftigen Verhältnis von Ökologie, Ökonomie und Sozialem.

Mit der Industrialisierung hat die Zerstörung der Umwelt in einem hohen Maße begonnen. Viel zu gedankenlos wurde in die Natur eingegriffen, ohne die Folgen zu bedenken.

Natürlich hat es früher schon Katastrophen gegeben, doch wenn wir heute beispielsweise die Schäden durch eine Hochwasserkatastrophe beklagen, so sind diese auch ein Folge der gedankenlosen Versiegelung der Böden durch Bebauung an den Flüssen, wo früher einfach das Wasser abgeflossen und eingesickert wäre, sowie einer mangelnden Fähigkeit der Böden, das Wasser zu speichern.

Wir sollten nicht das Heil in der Abkehr von jeglicher Industrie und Technik suchen. Doch langsam kommt uns der Gedanke, dass wir die Sünden der vergangenen 150 Jahre – denn unsere Umwelt leidet mit zunehmender Industrialisierung – nicht so einfach ungeschehen machen können. Vielmehr müssen wir die Forschung und Umwelttechnologie stärker nützen, um das Wohl von Mensch und Natur zu schützen. Manches Mal reicht es auch aus, das noch vorhandene Wissen aus jahrtausendealter Erfahrung zu nutzen.

Generell müssen wir wieder zu einer neuen Achtung vor der Schöpfung zurückfinden. Gott hat uns die Erde in die Hand gegeben. »Am Anfang schuf Gott Himmel und Erde …«, und am Ende sagt Er den Menschen: »Macht euch die Erde untertan!« Damit gibt Er uns auch die Verantwortung über die Erde und über Seine Schöpfung, mit der wir sorgfältig umgehen müssen. Der Mensch als Abbild Gottes kann ebenso schöpferisch wirken und muss sich dennoch ständig fragen, ob sein Umgang mit der Natur noch im Einklang mit der Schöpfung ist. In manchen Fällen ist es eine Gratwanderung zwischen Eingriff und Zerstörung, doch mit dem Begriff »sich die Erde untertan machen« ist nicht die Zerstörung gemeint.

Bei uns im Unternehmen haben wir es geschafft, die Schadstoffe zu reduzieren, die so ein Betrieb mit sich bringt. Aber der Konflikt ist immer da … Wenn wir das Gemüse schlecht waschen, dann werden die Verbraucher sagen, da ist Sand drin, das ist ungut. Wenn wir gut waschen, dann brauchen wir viel Wasser, und dann kommen welche und sagen, ihr braucht zu viel Wasser. Da muss man abwägen. Aber den CO_2-Ausstoß haben wir bei uns um 98 Prozent reduziert. Die Energieversorgung – Elektrizität, Wärme und Kälte – kommt aus nachwachsenden Rohstoffen, d. h. vor allem von Holz. Unsere Wälder sind doch derzeit zu 30 Prozent zu wenig genutzt. Lediglich 3 Prozent unserer Abfälle müssen entsorgt werden, der Rest wird einer Weiterverwertung zugeführt. Wir haben pro produzierter Tonne die Energie um 40 Prozent gesenkt, den Wasserbedarf um 42 Prozent. Das sind große Schritte, die wir am Anfang erreicht haben, jetzt sind die Schritte natürlich kleiner.

In Deutschland gibt es teilweise auch einen Prozess, der den Schutz der Schöpfung verkennt und falsch aufzäumt. Das höchste Geschöpf ist immer noch der Mensch. Um ihn müssen wir uns kümmern. Wenn wir den Umweltschutzgedanken zu weit treiben, dass Arbeitsplätze verlorengehen – und das passiert –, dann ist den Menschen auch nicht gedient. Wir müssen alles tun, dass möglichst sauber gearbeitet wird, und das auch im Ausland. Heute ist es glücklicherweise so, dass zum Beispiel auch in östlichen Ländern Umweltschutz kein Fremdwort mehr ist. Zum Teil kann man dort auch die besseren Werte beim Umweltschutz finden.

Von den Irrtümern der modernen Landwirtschaft

»Macht euch die Erde untertan« – so berichtet der Schöpfungsbericht der Bibel. Wenn wir auf die riesigen Felder der intensiven Landwirtschaft in Monokulturen schauen, wenn wir die vielen Probleme der Vergangenheit in der Lebensmittelerzeugung betrachten, zum Beispiel BSE, dann beschleicht die Allgemeinheit das Gefühl, dass dies von Gott nicht so gemeint sein kann: »Hiermit übergebe ich euch alle Pflanzen auf der ganzen Erde, die Samen tragen, und alle Bäume mit samenhaltigen Früchten. Euch sollen sie zur Nahrung dienen.« (Gen. 1,29) Der Mensch soll die Erde nutzen und nicht ausnutzen. Das hat auch viele Jahrhunderte und Jahrtausende funktioniert. Doch heute erleben wir den Niedergang der gesunden bäuerlichen und autarken Landwirtschaft. Bei uns in Europa herrscht ein absurdes Subventionswesen der EU, in der der Landwirt beispielsweise Geld für Flächenstilllegungen erhält – ein System, welches man langsam in Frage stellt. Die Energiegewinnung aus landwirtschaftlichen Produkten wird angezweifelt – obwohl diese nur eine konsequente Entwicklung ist: Wenn früher auf einem Hektar Hafer für die Bauernpferde angebaut wurde, warum sollte heute nicht Rapsöl für den Traktor von dort kommen?

Aktuell erleben wir eine Steigung der Lebensmittelpreise, die weniger für uns, aber für zahlreiche Menschen in der Dritten Welt dramatisch ist. Hunger ist wieder ein Begriff und eine drohende Gefahr geworden. Auch bei uns steigt die Debatte über faire Preise für landwirtschaftliche Erzeugnisse an. Wenn wir qualitativ hochwertige Lebensmittel wollen, dann sollten wir bereit sein, den Preis dafür zu bezahlen, und die Arbeit der Bauern damit entsprechend wertschätzen.

All das zeigt, dass unser landwirtschaftliches Konzept, das auf Menge und Masse gerichtet war, der falsche Weg war. Zwar wird immer wieder gesagt, dass eine hochindustrialisierte Gesellschaft wie die unsere auch eine hochindustrialisierte Lebensmittelerzeugung braucht, um die Bedürfnisse zu decken. Doch damit beißt sich die Katze in den Schwanz. Unsere Böden sind teilweise ausgelaugt, und um ihnen noch etwas abzugewinnen, werden immer weiter zusätzliche und fremde Stoffe zugeführt, die das Bodenleben schädigen. Damit denaturiert man die Böden noch mehr, dass sie am Ende nicht mehr lebendig und gesund sind. Und durch noch so intensive Düngung werden sie auf lange Sicht hin nicht besser werden.

Die Bildung von neuen lebens- und leistungsfähigen Böden dauert nach der Zerstörung lange Zeit, bis die Natur wieder ihr Gleichgewicht hergestellt hat. Böden können sich regenerieren, wenn sie nicht gestört werden. Unsere landwirtschaftlich nutzbaren Böden sind vor allem durch Folgendes beeinträchtigt und zerstört:

- *Zersiedelung:* Beispielsweise wurde nach dem Zweiten Weltkrieg in Bayern die gleiche Bodenfläche durch Zersiedelung zerstört wie in der gesamten Menschheitsgeschichte auf bayerischem Gebiet zuvor.
- *Chemische Belastung* durch Industrie und Landwirt-

schaft mit Langzeitfolgen für die Gesundheit und Leistungsfähigkeit des Bodens und damit der Bevölkerung.

- *Physikalische Belastung* durch unsachgemäße Bearbeitung: schwere Maschinen und Bodenbearbeitungsgeräte, die die Bodenstruktur zerstören mit der Folge, dass vermehrter Einsatz von Chemie für Aufrechterhaltung der Ertragskraft erforderlich wird. Außerdem findet vielfach die Bearbeitung zu einem falschen Zeitpunkt statt.
- *Verlust von organischer Substanz* und damit der Leistungsfähigkeit des Bodens durch den Einsatz falscher Dünger, falscher Fruchtfolge und falscher Bodenbearbeitung.
- *Beeinträchtigung des Grundwassers* durch falsche Bodennutzung.

Wenn wir also auf Dauer gesunde Lebensmittel haben wollen, dann müssen wir in der Landwirtschaft wieder eine vernünftige Bodenbewirtschaftung durchsetzen. Denn es gilt der Grundsatz von Albrecht Thaer: »Gesunder Boden – gesunde Pflanze – gesunder Mensch und gesundes Tier!«

Ein gesunder Boden verliert seine Leistungsfähigkeit nicht, ganz im Gegenteil, er kann sie sogar steigern. Und dies wirkt sich nachhaltig aus, auch in der Energiebilanz. Es hat sich doch ganz klar gezeigt, dass die ökologische Landwirtschaft einen Energieüberschuss erzeugt, während die konventionelle Landwirtschaft mehr Energie in die Erzeugung von landwirtschaftlichen Gütern steckt, als sie herausholt.

Justus von Liebig (1803–1873), eine kreative Erfindernatur, war hauptsächlich für die Landwirtschaft von Bedeutung durch sein 1840 erschienenes Buch über die Agrikulturchemie[27], in der die organische Chemie in Anwendung auf Agrikultur und Physiologie dargestellt wird. In verschiedenen Experimenten verbrannte Liebig Pflanzen, löste deren Asche in verschiedenen Säuren und Laugen auf und fand einige Grundstoffe, unter anderem Stickstoff. Auf dieser Grundlage entwickelte er einen Kunstdünger. Das war der Beginn des chemisch-technischen Agrikulturzeitalters. Und auf der Basis der Liebigschen Erkenntnisse düngen wir noch heute im konventionellen Landbau.

Demgegenüber vertrat Albrecht Thaer (1752–1828) in weiser Voraussicht die Meinung, dass die Nahrung der Pflanzen aus den im Boden befindlichen organischen Stoffen bestehe. Thaer, ursprünglich Mediziner, war der Begründer der Humustheorie, die viel Gegnerschaft erfahren hatte und heute noch erfährt. Er schaffte die Dreifelderwirtschaft ab und hat durch praktische Arbeit vorausschauend richtig gehandelt. Erst viel später wurden seine Anschauungen wissenschaftlich belegt. So zum Beispiel durch den finnischen Nobelpreisträger Artturi Virtanen (1895–1973), der bewies, dass die höheren Pflanzen sehr gut bestimmte organische Stickstoffverbindungen, und zwar solche, die tatsächlich in Böden vorkommen, verwerten, ohne dass diese Verbindungen zuerst durch die Tätigkeit der Mikroor-

27 »Die organische Chemie in ihrer Anwendung auf Agrikultur und Physiologie«, Braunschweig 1840

ganismen unter Bildung von Ammoniak zersetzt werden müssen.

Wenn heute behauptet wird, dass wir auf Chemie in der modernen, d. h. chemisch-technischen Landwirtschaft nicht verzichten können, so stimmt das nicht. Es gibt zahlreiche Beispiele aus der Geschichte, wie aus Ägypten und von den Azteken, die belegen, dass pro Hektar weit mehr Menschen ernährt wurden, als uns heute mit all unseren wissenschaftlichen Erkenntnissen der chemisch-technischen Landwirtschaft möglich ist. In den USA kann gerade mal ein Mensch von einem Hektar leben.

Mein Lehrer war Dr. Hans Müller aus der Schweiz, der zusammen mit Prof. Dr. Hans Peter Rusch aus Deutschland den organisch-biologischen Landbau entwickelt hat. Müller hat mit seiner Entwicklung der biologisch-organischen Landwirtschaft in der Schweiz vielen Bauern geholfen, aus der Armutsfalle herauszukommen, in die sie durch die konventionelle Landwirtschaft geraten waren. Unser biologischer Landbau wurde vor vielen Jahrzehnten also nicht aus Marketinggründen entwickelt, sondern um den Kleinbauern zu helfen, die in Existenznot gekommen waren, um ihre Kosten zu senken, die Erträge zu steigern und eine gesunde Landwirtschaft betreiben zu können.

Mit diesen Erkenntnissen ist auch die weitläufige Behauptung, dass wir heute Gentechnik in der Landwirtschaft dringendst brauchen, um die Menschen in Zukunft zu ernähren, widerlegt. Biolandbau nach Dr. Müller heißt vor allem, in Einklang mit der Natur den Boden zu bewirtschaften. Eine wichtige und natürliche

Hilfe kommt dabei von Bakterien, Algen, Pilzen, Würmern und Käferlarven. Das Zusammenwirken dieser Kleinstlebewesen mit dem mineralischen Gerüst von Sand und Ton ergibt die Verlebendigung des Bodens, die die Bodenfruchtbarkeit sichtbar macht in der sogenannten Krümelstruktur. Die Bodenfruchtbarkeit wurde zu einem neuen Lebens-Leistungsbegriff, zum Unterschied von dem leblosen Qualitätsbegriff der chemischen Bodenanalyse.

Unter einem Bodenkrümel versteht man die innige Verbindung der zerklüfteten, oberflächenreichen, winzigen Tonteilchen mit den ebenso zerklüfteten, zerfaserten Resten der organischen Substanzen zu einer Art Schwamm, mit einer Fülle winziger Hohlräume. Und diese Krümel sind das tragende Gerüst der Lebendverbauung. In den Hohlräumen der Krümel befindet sich Luft, ohne die die Kleinstlebewesen, Bakterien, Pilze, nicht leben können, ferner wird dort das Wasser gespeichert, das in Dürreperioden als Reserve herangezogen werden kann. In diesem Wasser der Krümel werden auch gelöste Salze, die sogenannten »Schwarmionen«, festgehalten, die von den Pflanzen je nach Bedarf entnommen werden können.

Eine der wesentlichen Voraussetzungen des organisch-biologischen Landbaues liegt daher in der Erzielung einer umfangreichen, womöglich tiefgründigen Krümelstruktur. Um sie zu erringen und zu erhalten, genügt es nicht einfach, Düngesalze und Spritzmittel wegzulassen, sondern man muss die Bakterien immer wieder gut und oft füttern.

Daneben kommt der Bodenbedeckung eine große

Bedeutung zu. Die Krümelstruktur beschert uns im Boden durch ihren schwammartigen Aufbau eine ungeheure innere Oberfläche, die bei gesunden Böden bis zu 20 Quadratkilometer auf einen Quadratmeter Boden betragen kann. Allein in einer Handvoll Muttererde leben somit Milliarden von Bakterien.

Die heißbegehrte Krümelstruktur ist jedoch nicht in allen Bodenschichten vorhanden. Unsere Erde ist ungefähr 12 000 Kilometer dick. Auf dieser gewaltigen Masse nimmt sich die fruchtbare Rindenschicht (10–30 Zentimeter) verschwindend dünn aus, und doch wird ohne sie jedes Leben auf der Erde undenkbar. Diese Rindenschicht trägt den Namen Muttererde daher ganz zu Recht. Sie ist in mehrere Schichten gegliedert, in denen sich der Weg vollzieht von der oben aufgebrachten organischen Substanz, von Blättern, von Gras, von Stallmist usw. bis zum Edelerzeugnis des Dauerhumus, der als Teil der Krümel den Pflanzen als unmittelbare Nahrung dient.

Boden wächst von oben nach unten. Wenn wir einen Haufen organischer Substanzen liegenlassen, so tritt zunächst ein Fäulnisprozess ein, in dessen Verlauf Giftstoffe entstehen, welche die überaus empfindlichen Teilungs- und Fruchtbarkeitsprozesse im Zellkern hemmen und schädigen. Bei reichlichem Luftzutritt ist dieser Fäulnisprozess je nach Temperatur in relativ kurzer Zeit, normalerweise in rund zwei Wochen, im Sommer hingegen in wenigen Tagen, beendet. Darauf schließt sich ein Verrottungsprozess ohne Giftentwicklung an. Bleibt jedoch die organische Substanz, wie z. B. Stapelmist, dauernd unter Luftausschluss, so hält auch die

Fäulnisperiode ebenso lange an. Nach der giftigen, kurzen Fäulnisperiode folgt die Verrottung, das heißt der weitere Abbau der organischen Substanzen nicht nur durch Bakterien, Algen und Pilze, sondern vor allem durch Kleinsttiere wie Würmer, Asseln, Käfer, Tausendfüßler usw. In dieser oberen Bodenschicht geht es sozusagen drunter und drüber, einer frisst den anderen und das, was der andere übriglässt, bis nichts mehr da ist, was dieser Mikrofauna als Nahrung dienen könnte. In diesem Stadium wird alles gefressen, was die Zellen an Kleinsttiernahrung zu bieten haben. Man nennt dies »Zellgare«, also ein Durchgangsstadium zur Humusbildung. In dieser Schicht des ständigen Durchwühlens und tierischer Völkerwanderungen können weder die Wurzelbakterien noch die Haarwurzeln der Pflanzen richtig gedeihen, und die Pflanzenwurzeln finden noch nicht die Hauptnahrung, die sie benötigen.

Diese wird erst aufgeschlossen durch das Heer von Bakterien und den mit den Haarwurzeln in Gemeinschaft lebenden Wurzelbakterien, die in der nächsttieferen Schicht, die von den Kleinsttieren übriggelassenen organischen Substanzen bis auf den letzten Rest das Plasma abbauen.

Am Ende des Abbauprozesses steht dieselbe Urform des Lebendigen, die am Anfang da war. Hier verbindet sich nun das übriggebliebene schwammige Plasma mit den zerklüfteten Tonkristallen zu den Dauerkrümeln. Die obere Schicht des vornehmlich tierischen Abbaus, die Zellgare, geht mehr oder minder nahtlos über in die untere Schicht der Plasmagare, den vorwiegend bakteriellen Abbau des Plasmas bis auf die letzten Reste der lebenden Substanz, der Kleinsubstanz, die erhalten bleibt und als unmittelbare, sofort aufnehmbare Nahrung den Haarwurzeln dient.

Wir sehen also, dass es sich hier um einen fein abgestimmten, hochsensiblen und funktionalen Kreislauf handelt. Die Natur leistet sich nicht die Verschwendung der höchstorganisierten lebenden Substanz bis zu ihrer restlosen Vernichtung durch die Mineralisation. Sie lässt es gar nicht so weit kommen, sondern baut die derart erhaltenen Lebensträger wieder zu neuem Plasma um. In der Plasmagare, dem Dauerhumus, dieser bakteriellen Aufarbeitungszone, liegt gleichsam der Brennpunkt des Kreislaufs des Lebens, der Nahtstelle zwischen Tod und Leben.

In diesem feinen Kreislauf kommt auch dem Regenwurm eine besondere Aufgabe zu. Er gräbt sich seine Gänge und Röhren oft sehr tief in den Untergrund und ist unser bester Untergrundlockerer und Durchlüfter tiefer Schichten. Er hat zudem die wunderbare Eigenschaft, in seinem Magen die organischen Speisereste mit der mitgefressenen Erde zu dem besten, nährstoffreichsten und bakterienreichsten Naturdünger zu verkleben, den wir kennen. Die Anwesenheit von Regenwürmern im Boden ist ein Qualitätsmerkmal im organisch-biologischen Landbau.

Das Grundgesetz organisch-biologischer Bodenbearbeitung lautet also, die verschiedenen Bodenschichten so wenig wie möglich zu vermischen. Ein Boden, der in Ordnung ist, also ein gesunder Boden, ist die Voraussetzung für gesunde Pflanzen.

Das Schöpfungsprogramm für die Pflanze

In der aktuellen Diskussion über landwirtschaftliche Anbaumethoden werden häufig Eingriffe in das Programm einer Pflanze nur unter kurzfristigen Kosten-Nutzen-Aspekten für diesen Pflanzenanbau gesehen, aber nicht im Schöpfungsbezug und schon gar nicht unter langfristigen Gesichtspunkten. Jede Pflanze hat ein fein austariertes Programm. Und seit der Mensch Land bewirtschaftet, hat er auch die Nutzpflanzen durch Zucht und Kreuzung weiterentwickelt. Dabei hat auch der Zeitfaktor eine bedeutende Rolle gespielt – eine Zucht braucht halt viel länger als ein technischer Eingriff in das genetische Erbgut einer Pflanze im Labor. Die Anpassung an die Natur fehlt dabei völlig, und wir wissen nicht, was letzten Endes herauskommen kann. Die langfristigen Auswirkungen von Genmanipulation bei Pflanzen können wir noch nicht beurteilen.

Ich selbst vermag es nicht zu überblicken, halte es aber für höchst gefährlich, wenn auf technischem Wege Pflanzen in einer Art und Weise verändert werden, wie sie sich in der Natur wahrscheinlich überhaupt nicht entwickeln würden. Wir können heute Pflanzen so manipulieren, dass sie resistent gegen Angriffe sind. Die Natur aber hat schwache und starke Pflanzen, die schwachen gehen unter, und die starken setzen sich durch. Wenn wir diesen natürlichen Mechanismus durch Eingriffe überbrücken, dann werden wir bald nur noch eine Pflanzensorte haben, die wir womöglich nicht mehr schützen können, wenn einmal eine unvorhergesehene Entwicklung eintritt, zum Beispiel ein neuer, hartnäckiger Schädling. Ferner drohen die Bauern in gefährliche Abhängigkeiten zu geraten – gegenüber den Lieferanten des patentierten Saatgutes. Zusätzliche Finanzmittel für teures Saatgut, verstärkte Düngung und Pflanzenschutz müssen aufgebracht werden, um zu den erstrebten Ernteergebnissen zu kommen, und dies schafft neue Abhängigkeiten.

Es wird oftmals argumentiert, dass die grüne Gentechnik gerade für die Entwicklungsländer wichtig sein kann, um den Hunger zu bekämpfen. Diese vermeintliche Hilfe ist sehr kritisch zu beleuchten, denn gesunde Pflanzen und ein gesundes Gleichgewicht der Natur sind etwas anderes als eine weitere Abhängigkeit. Wir müssen vielmehr schauen, dass diese Länder ihre eigene Landwirtschaft entwickeln und dass sie auf gesunder Basis nachhaltig Gutes schaffen und nicht in eine neue Abhängigkeit zu den entwickelten Ländern geraten. Und überdies wissen wir ja ohnehin, dass Hunger eher mit Misswirtschaft, Korruption und Kriegen zu tun hat als mit schlechten landwirtschaftlichen Produkten.

Als wir vor 50 Jahren mit dem Biolandbau begonnen haben, sind wir sehr stark angegriffen worden. Unsere Bedenken gegen den konventionellen, chemisch-technischen Landbau wurden weithin abgetan – von den gleichen Stellen aus Politik, Wissenschaft, Teilen der Landwirtschaft und Teilen der agrarischen Großindustrie, die heute unsere Bedenken gegen gentechnisch veränderte Pflanzen abtun.

Und dennoch – die Entwicklung des biologischen Landbaus und das Verbraucherinteresse an diesen Produkten haben uns recht gegeben. Ich bin von der Zukunft des biologischen Landbaus überzeugt und sehe keinen Grund, heute anders als vor 50 Jahren zu handeln.

Halten wir doch einmal inne und stellen einige philosophische Grundüberlegungen an. Es gibt in jeder Pflanze ein Prinzip, das auf die Elemente, aus denen die Pflanze besteht, und die darin wirkenden physikalischen und chemischen Kräfte in bestimmter Weise einwirkt, man kann sagen, es gibt eine Pflanzenseele.

Sowohl die Struktur wie auch die Tätigkeit ist in den einzelnen Teilen der Pflanze auf eine höhere, einheitliche Tätigkeit hingeordnet, deren Ziel

1. die Vervollkommnung,
2. die Entwicklung und
3. die Erhaltung,

d.h. die Ernährung, das Wachstum, die Fortpflanzung eines Ganzen ist.

Die Ernährung, das Wachstum, die Erzeugung neuer Individuen zielen nicht bloß darauf hin, dass der Bestand der Pflanze für die Gegenwart, sondern vor allem darauf, dass er für die Zukunft gesichert ist.

Die Pflanze bewegt sich selbst und vervollkommnet sich durch immanente Tätigkeiten, so haben es schon Aristoteles und Thomas von Aquin gesehen. Die Pflanzenseele besitzt ein Vermögen, sich zu ernähren, zu wachsen und sich fortzupflanzen. Wie jedes Körperliche wächst die Pflanze nicht durch Juxtaposition, wie zum Beispiel ein Kristall, der sich durch die Anlagerung neuer Stoffe von außen her vergrößert. Sondern sie wächst durch Intusception, d.h. durch Anhäufung des Stoffes von innen her. Die vollkommeneren Lebewesen, deren Organismus aus Zellen besteht, wachsen durch Zellteilung. Durch zufällige Mutationen in der Erbinformation setzen sich über Generationen hinweg die am besten angepassten Pflanzen durch. Umgangssprachlich wird dieser vor allem durch Umwelteinflüsse bestimmte passive Vorgang als »die Pflanze passt sich an« bezeichnet. Ein guter Boden ist dazu die Voraussetzung.

Wenn wir die Schöpfung aus Habgier verändern wollen, um mehr zu haben, ohne Rücksicht, was wir dabei für einen Schaden anrichten, dann tun wir unrecht. Auch vor 50 Jahren versuchten die offiziellen Stellen der Politik, der Wissenschaft, der Wirtschaft und der Landwirtschaft den Verbrauchern Bedenken gegen die Anwendung gewisser chemischer Stoffe in der Landwirtschaft zu nehmen. Schon damals hieß es, anders könnte die Bevölkerung nicht ernährt werden.

Doch schon damals vertraten wir eine Außenseitermeinung und warnten vor den möglichen Entwicklungen. Wie wir heute sehen, waren unsere damaligen Warnungen begründet. Wer heutzutage die gleichen Mittel wie damals in der Landwirtschaft einsetzt, bekommt es mit dem Gericht zu tun. Atrazin ist beispielsweise ein giftiges Herbizid, welches damals vielfach eingesetzt und als angeblich harmlos bezeichnet wurde, heute aber weitgehend verboten ist[28].

---

28 Manch einer erinnert sich noch an den großen Chemieunfall im Herbst 1986. Damals gelangten etwa 400 Liter Atrazin über die Abwässer der Firma Ciba-Geigy in den Rhein, was zusammen mit einem weiteren Chemieunfall der Firma Sandoz bei Basel einen Tag später ein Fischsterben im Rhein auslöste.

Unser heutiges Problem mit dem Einsatz der Gentechnik in der Landwirtschaft sehe ich genauso, wenn Pflanzen geschaffen werden, die es aushalten, dass gegen Unkraut Gift gespritzt wird.

Wenn wir all das beachten, was wir durch unsere Erfahrungen im biologischen Landbau wissen, was wir über gesunde Böden wissen, dann brauchen wir keine zusätzlichen Hilfsmittel. So werden wir gesunde Pflanzen in natürlicher genügender Menge erhalten, und das viel kostengünstiger.

Es wäre der falsche Weg, die Schöpfungsordnung der Pflanzen an die Unordnung, die wir in 150 Jahren in vielen Böden angerichtet haben, anzupassen! Es wäre riskant, und wir verzichteten dabei auf einen wichtigen Hinweis: den Gesundheitszustand. Gesunde Pflanzen sind die Voraussetzung für gesundes Vieh und beides für gesunde menschliche Nahrungsmittel – und damit auch für weniger Krankheiten. Wir sollten uns um gesunde Böden kümmern. Wie, das ist wissenschaftlich erforscht, in der Praxis bewiesen und ohne Risiko. Artenvielfalt im lebendigen Boden ist auch die Voraussetzung für Artenvielfalt bei Pflanzen und Tieren.

Die Risiken der Gentechnik

Glücklicherweise erleben wir im Moment, dass sich die Öffentlichkeit sensibilisiert für die Risiken der grünen Gentechnik. Man kann nicht genug davor warnen – denn wir wissen einfach noch nicht in ausreichendem Maße, welche Konsequenzen daraus erwachsen können. Und man kann den Anbau von gentechnisch veränderten Pflanzen auch nicht einfach begrenzen. Durch das Gesetz ist zwar vorgeschrieben, dass es bestimmte Mindestabstände gibt. Zwischen Feldern mit gentechnisch veränderten Pflanzen und normalen Pflanzen sollen das 150 Meter sein; der Mindestabstand zu einem Feld, das biologisch-organisch angebaut wird, muss mindestens 300 Meter betragen. Doch das ist Augenwischerei. Es wäre naiv zu glauben, dass der Wind an diesen Grenzen haltmachen würde, dass Pollen aufhören zu fliegen. Eine Biene fliegt ohnehin, wohin sie will, und das sogar über mehrere Kilometer. Man kann den Bienen nicht vorschreiben, wohin sie fliegen sollen und von welchen Pflanzen sie naschen sollen oder nicht. Bereits jetzt haben wir Klagen von Imkern, deren Honig von Gen-Maispollen kontaminiert ist.

Ein Argument der Befürworter der grünen Gentechnik ist auch immer wieder, dass der Mensch, seit er Pflanzen züchtet und miteinander kreuzt, um sie zu optimieren, in gewissem Sinne auch Gentechnik betrieben hat. Die heutigen Methoden verstünden es nur, diese Prozesse zu beschleunigen. So stimmt das aber nicht. Es ist ein Riesenunterschied. Wenn ich etwas tue, das züchterisch möglich ist, dann ist das völlig normal. Von Natur aus gibt es kein artenüberspringendes Zuchtergebnis. Wenn ich Gene von irgendwelchen tierischen Lebewesen mit Pflanzen kreuze, dann ist das ein künstlicher Eingriff, der von der Natur aus nie passieren könnte. In der Natur haben wir die Evolution, d.h., wir haben die Fähigkeit von Pflanzen und von Tieren, »sich den jeweiligen Umständen anzupassen«.

Das ist sehr gut so, denn die starke Pflanze überlebt, und die schwache überlebt eben nicht. Dadurch bilden sich eine Vielzahl von Sorten und von Rassen. Wir haben ganz viele Äpfelsorten, die in unterschiedlichen Regionen ideal wachsen. Die einen Äpfel wachsen am besten im Alten Land, die anderen auf einer Bergwiese. Die einen sind gut zum normalen Verzehr, aus den nächsten kann man ein gutes Apfelmus kochen, und es gibt welche, die eignen sich nur für die Herstellung von Apfelsaft. Wenn wir das aber jetzt vereinheitlichen, dann nehmen wir der Natur die Fähigkeit, auf Veränderungen zu reagieren, was eine Verarmung bedeuten würde. Schon jetzt haben wir ein Sterben von manchen Sorten, und es ist einigen tapferen Landwirten zu verdanken, wenn sie sich um den Erhalt der alten Sorten kümmern. Ohne sie wäre die Artenvielfalt vorbei, und wir laufen ganz große Gefahr, dass, wenn irgendetwas passiert, die Natur das dann nicht mehr ausgleichen kann.

Die grüne Gentechnik kann nicht die Lösung sein, um die Krise der Landwirtschaft zu beenden. Wenn ich ein Problem lösen will und dafür andere Fähigkeiten opfere, dann fahre ich in einer höheren Gefahrenstufe. Ich nehme also Risiken zusätzlich in Kauf, um einen Vorteil zu haben, Risiken, die wir vielleicht noch gar nicht kennen. Diese Vorteile, die wir haben wollen, sind meistens schon wieder Reaktionen auf falsche Anwendungen in der Landwirtschaft, Fehler im Anbau, Fehler in der Sortenwahl.

Die Hipp-Umweltleitlinien

Unser Unternehmen setzt sich für den Erhalt der Umwelt und der Schöpfung ein. Um dieser Verantwortung gerecht zu werden, geht sie beim Umweltschutz über die gesetzlichen Auflagen hinaus. Seit 1995 bilden die folgenden 13 Punkte als Umweltleitlinien die Grundlage für die kontinuierliche Verbesserung des betrieblichen Umweltschutzes von Hipp und sind Teil der Unternehmenspolitik:

1. Der Einsatz umweltfreundlicher Technologie ermöglicht uns, schädliche Auswirkungen auf die Umwelt zu minimieren.
2. Vom Unternehmen ausgehende Umweltbelastungen werden ständig überwacht, dokumentiert und bewertet. Möglichkeiten der Verbesserung werden in wirtschaftlich vertretbarem Umfang mit der besten verfügbaren Technik umgesetzt.
3. Die Umweltbelastungen neuer Tätigkeiten, Produkte und Verfahren sollen möglichst gering sein und werden aus diesen Gründen stets im Voraus beurteilt.
4. Es ist unser Ziel, Ressourcen zu schonen. Regenerierbare Ressourcen sind endlichen Ressourcen vorzuziehen.
5. Als weltweit größter Verarbeiter ökologisch erzeugter Rohstoffe ist es für uns eine besondere Verpflichtung, die Menge der eingesetzten Biorohstoffe ständig zu erhöhen.
6. Unsere Verpackungsplanung unterliegt dem Minimierungsgebot. Die Materialmenge wird so gering

wie möglich gehalten, dabei achten wir besonders auf einen maximalen Anteil an Sekundärstoffen und recyclingfähigen Packstoffen. Verpackungsalternativen wie Mehrwegsysteme werden von uns unterstützt.

7. Effektiver betrieblicher Umweltschutz ist nur durch das Mitwirken aller Beschäftigten möglich. Deshalb wollen wir das Umweltbewusstsein unserer Mitarbeiter durch Informationen, Schulungen und Unterweisungen fördern.
8. Unsere Kunden erhalten eine ständige Beratung über die Möglichkeiten der umweltfreundlichen Verwendung unserer Produkte.
9. Von unseren Lieferanten und Dienstleistern erwarten wir, dass sie vergleichbare Umweltstandards erfüllen wie wir selbst.
10. Dem Dialog mit der Öffentlichkeit messen wir hohe Bedeutung bei und informieren regelmäßig über unsere Aktivitäten im Umweltschutz. Wir sind bestrebt, Anregungen und Wünsche der Öffentlichkeit umzusetzen.
11. Der rege Kontakt zu Behörden hilft uns, Umweltbelastungen zu vermeiden bzw. zu minimieren.
12. Durch ein umfassendes Störfallmanagement wollen wir das Risiko von Unfällen sowie schädliche Auswirkungen auf Menschen und Umwelt minimieren.
13. Durch Kontrollsysteme sichern wir die Erfüllung der von uns gesetzten Umweltziele, die laufend nach den neuesten Erkenntnissen überprüft und gegebenenfalls neu ausgerichtet werden.

Von Gott und den Menschen

Was ist der Mensch wert?

Wenn wir vom Respekt und vor der Achtung vor der Schöpfung sprechen, müssen wir auch über die Achtung vor dem menschlichen Leben sprechen. Leider ist es darum in unseren westlichen Gesellschaften schlecht bestellt. Zwar steht in allen unseren Verfassungen: »Die Würde des Menschen ist unantastbar«, doch die Realität wandelt sich zunehmend zum Gegenteil. Das menschliche Leben ist zu schützen – von seinem Anfang bis zu seinem natürlichen Ende. Der Gradmesser kann dabei nicht nur sein, dass Mord und Totschlag vom Staat verfolgt werden – das allein ist nicht die Gewähr, dass der Schutz des Lebens als ein hohes Gut betrachtet wird. Vor allem dort, wo das Leben zu schwach, zu jung, zu alt, krank oder behindert ist, braucht es einen Anwalt, der sich seiner Rechte annimmt.

Es ist heute wissenschaftlich unumstritten, dass mit der Verschmelzung von Ei- und Samenzelle ein neuer und absolut unverwechselbarer Mensch entstanden ist. Noch vor wenigen Jahren wurde noch über »himbeerähnliche Zellklumpen« gesprochen. Doch der

Mensch ist in seiner Einzigartigkeit schon festgelegt. Auch wenn er zu diesem Zeitpunkt nur ein knapp stecknadelkopfgroßer Embryo ist, dann ist er doch ein Mensch – der nicht erst *wird*, sondern *ist*. Vom »werdenden« Leben zu sprechen, verfälscht die Fakten.

Der Schutz dieses Embryos muss über allen anderen Interessen stehen. An ihm darf nicht herummanipuliert werden, noch darf er selektiert werden, noch darf er zu Forschungszwecken umgebracht werden. Genau darum geht es im deutschen Embryonenschutzgesetz. Vor kurzem hat der Deutsche Bundestag entschieden, den sogenannten Stichtag im Embryonenschutzgesetz zu verschieben. Vorausgegangen waren intensive Debatten, inwieweit es der Forschung erlaubt werden darf, an Stammzellen von menschlichen Embryonen zu forschen, mit der Konsequenz der Tötung dieser Embryonen. Ins Feld gebracht wurde das Argument, dass es nur mittels der verbrauchenden Embryonenforschung gelingen könne, bislang unheilbare Krankheiten wie Alzheimer, Parkinson und Krebs zu heilen. Man brauche diese Forschung, um helfen zu können.

Doch das ist nicht wahr. Bislang hat kein einziges Forschungsteam, welches an menschlichen Embryonen forscht, durch seine Arbeit auch nur irgendeinen Beweis geliefert, dass diese Art von Forschung in den genannten Bereichen weiterkommt. Im Gegenteil, selbst der »Vater von Dolly, dem Klonschaf«, Forschungspionier Ian Wilmut, einst umjubelt, gab im November 2007 bekannt, er wende sich von seinen bisherigen Forschungen ab, da es keine brauchbaren Ergebnisse bringe.

Wilmut erklärte, der Grund für seine Entscheidung sei einerseits, dass mit der neuen Methode keine menschlichen Embryonen zur Gewinnung von Stammzellen verbraucht werden müssten, was weiterhin von vielen Menschen abgelehnt werde. Zudem sei das Klonen ineffizient, was sich auch an der letzten Erfolgsmeldung von US-Wissenschaftlern zeige, die erstmals Primaten klonen konnten, dies aber nur mit einer Erfolgsrate von 0,7 Prozent. Zudem konnte mit den Embryonen keine Schwangerschaft erzielt werden. Nach Wilmut ist also das Forschen an sogenannten adulten Stammzellen wesentlich effektiver als an embryonalen Stammzellen: »Ich habe keine Zweifel, dass langfristig das direkte Umprogrammieren produktiver sein wird, auch wenn wir nicht sicher sein können, wann genau dies möglich ist, ob schon nächstes Jahr oder erst in fünf Jahren.«

Und 2006 hatten japanische Wissenschaftler erstmals zeigen können, dass sich durch das Einfügen von Genen in Hautzellen von Mäusen Zellen mit Eigenschaften herstellen lassen, die mit embryonalen Stammzellen vergleichbar sind. Neben zwei amerikanischen Forschungsteams konnten die Japaner um Shinya Yamanaka diese Methode zur Gewinnung von Stammzellen in diesem Jahr weiter perfektionieren. Eigentlich eine Sensation! Auch in Deutschland hat man mit adulten Stammzellen schon beachtliche Ergebnisse erreicht.

In der Debatte um das Embryonenschutzgesetz waren solche Stimmen wie von Wilmut oder die Nachrichten aus Japan von der Forschungslobby natürlich nicht gut gelitten. Der Bundestag hat entschieden, den Stichtag, bis zu dem aus getöteten menschlichen Embryonen gewonnene Stammzellen nach Deutschland importiert werden dürfen, um fünf Jahre zu verschieben. Es kann also weitergeforscht werden – mit der Förderung von vielen Millionen Euros aus den Taschen des Steuerzahlers.

Absurd wird das Ganze dann, wenn man sieht, was 14 Tage später auf der Tagesordnung des Bundestages stand: der Entwurf eines Gesetzes über das Verbot zur Einfuhr, der Verarbeitung und des In-Verkehr-Bringens von Robbenerzeugnissen. Mit dem Argument, dass auf absehbare Zeit ein Einfuhrverbot auf europäischer Ebene nicht durchsetzbar sei, wollen Union und SPD dies auf jeden Fall schon auf nationaler Ebene erreichen. In der Embryonenschutzdebatte war aber wenige Wochen zuvor von Spitzenpolitikern von Union und SPD genau umgekehrt argumentiert worden: Humane embryonale Stammzellen seien keine menschlichen Embryonen, und in der weiten Welt würde ohnehin an Embryonen geforscht, und das sollte man in Deutschland deshalb ebenfalls tun können, weil Deutschland keine Insel sei. Im Falle der Robben aber werden wir zu einer Insel. Um ein Robbenfell herzustellen, muss zuerst eine Robbe getötet werden. Und wir wollen also mit solchen Erzeugnissen nichts zu tun haben, weil es unmoralisch ist. Warum wollen wir aber die Einfuhr von Menschenerzeugnissen erleichtern? Es bleibt die Frage, warum eine Robbe mehr wert ist als ein Mensch – oder besser umgekehrt: Warum ist ein Mensch nicht so viel wert wie eine Robbe?

Das menschliche Leben ist von Anfang an zu schützen. Der Mensch als Träger unveräußerlicher Rechte hat zunächst einmal ein Recht auf Leben und körperliche Unversehrtheit. Und dies gilt auch für das Leben im Mutterleib. Abtreibung ist ein sehr komplexes Thema, welches sowohl von deren Befürwortern als auch deren Gegnern nicht immer mit der gebotenen Sensibilität behandelt wird. Es reicht eben nicht, immer dagegen zu sprechen, sondern wir dürfen in der Tat die seelische Situation der betroffenen Frauen nicht vernachlässigen und sollten uns hüten, vorschnelle Urteile zu fällen. Die Hilfsangebote für Frauen in Not sind viel zu ungenügend. Es muss in unserem reichen Westeuropa möglich sein, Schwangeren in Konfliktsituationen ausreichende Hilfe und Beistand zu geben.

Und auch am Ende des Lebens ist der Mensch und seine Würde zunehmend gefährdet. Ich halte die Diskussionen über Sterbehilfe in Zeiten steigender Gesundheitskosten für höchst riskant. Es gibt Statistiken, nach denen die medizinischen Kosten in den letzten drei Lebensjahren eines Menschen am höchsten sind. Wie passend scheint es doch, da über Sterbehilfe zu sprechen. Die Diskussion ist zynisch – auch wenn von den Befürwortern behauptet wird, sie wollten nur ein Sterben in Würde ermöglichen. Ein Sterbehilfeverein in der Schweiz heißt gar »Dignitas« (lat. »Würde«).

Wir haben den Tod aus unserer Gesellschaft, aus unserem Leben verbannt und glaubten, ihm entfliehen zu können. Doch der Tod gehört zu unserem Leben wie alles andere. Im Tod, im Prozess des Sterbens steckt eine Würde, und wir haben nicht das Recht, in diesen Prozess einzugreifen. Nicht umsonst ist es absolut berechtigt, gegen die Todesstrafe einzutreten.

Mitunter wünschen sich Menschen einen plötzlichen Tod – man will nichts spüren, aber fragt man einmal genauer nach, so liegt dem vielmehr die Angst vor dem Sterben, die Angst vor den Schmerzen zugrunde als die Angst vor dem Tod. Die Idealvorstellung ist dann doch die, daheim, im Kreise der Familie, zu sterben. Aber wie sieht es aus mit dem Sterben bei uns? Im besten Falle ist im Krankenhaus noch jemand von der Familie da oder eine Ordensschwester, die einen betend begleitet.

Es geht um das natürliche Ende, das natürliche Sterben des Menschen. Sterben in Würde bedeutet weder, dass man eine Pille einnimmt und stirbt, noch, dass man, an unzählige Apparate angeschlossen auf der Intensivstation dahinsiecht, bis es wirklich nicht mehr geht und sich der Tod sein Recht nimmt. Sterben in Würde bedeutet, dem Geschehen so weit wie möglich seinen natürlichen Gang zu lassen. Es gilt auch, die Angst vor dem Sterben zu nehmen. Die Menschen fürchten sich vor einem qualvollen Tod, und manch einer flüchtet sich dann doch zur vermeintlich erlösenden Tablette. Die Palliativmedizin, d.h. jener Bereich der Medizin, der sich um Schmerzlinderung im Sterbeprozess und Sterbebegleitung bemüht, ist bei uns immer noch zu wenig präsent.

Für einen gläubigen Menschen kann im Leid noch ein Sinn liegen. Man kann das Fegefeuer sicher auch im Diesseits erleben. Für manch einen ist der Prozess des Sterbens ein notwendiger Übergang, eine notwendige

Zeit, um sich auf das Jenseits vorzubereiten. Wir sollten uns nicht anmaßen, in diesen Prozess einzugreifen, ihn weder verkürzen noch ihn künstlich verlängern. Nie dürfen wir vergessen, dass Gott es gut mit uns meint, was immer Er mit uns vorhat.

Es hat einen Fall gegeben, da lag die alte Großmutter krank da, noch in ihrem Haus, in ihrer Umgebung. Die Familie war vor Ort und auch der Arzt. Als dann die Krisis eintrat, wurde diskutiert, dass die Großmutter nun doch ins Krankenhaus müsste, und der Arzt meinte: »Nun warten wir noch ein wenig, bevor wir den Krankenwagen rufen.« In dieser Zeit ist dann die alte Dame verstorben, in Ruhe und Frieden im Kreise ihrer Angehörigen, so wie es sich viele wünschen. Doch nach ihrem Tod verklagte eines ihrer Kinder den Arzt auf unterlassene Hilfeleistung. Aber wie wäre es anders gewesen? Man hätte die alte Dame noch mit Mühsal in die Klinik gebracht, sie dort an verschiedenste Apparate gehängt, und am Ende wäre sie auch verstorben.

Bis heute wissen wir nicht, welche Prozesse im menschlichen Gehirn und im Körper ablaufen, wenn er im Koma liegt. Die Krankengeschichten sind vielfach tragisch, doch auch manches Mal gibt es erstaunliche Entwicklungen – dass Menschen nach Jahren des Komas wieder beginnen, Regungen zu zeigen, dass sie wieder aufwachen. Und wie oft schon erholte sich jemand, von dem gesagt wurde, er stürbe bald. Die Realität in Ländern, in denen Sterbehilfe zugelassen ist, zeigt uns, dass wir diesen Weg nicht beschreiten dürfen. Gerade in den Niederlanden ist das Gesetz sehr liberal. Die Ehefrau eines pflegebedürftigen Mannes sagte zu ihm, er solle sich fügen, sonst ließe sie ihn euthanasieren. Eine Familie sagte, der Großvater müsse nun euthanasiert werden, denn man habe den Urlaub schon gebucht. Und die deutschen Altenheime entlang der niederländischen Grenze haben zahlreiche holländische alte und pflegebedürftige Patienten, die Angst haben, in ihrer Heimat umgebracht zu werden. Das sind keine Märchen, das ist die harte Realität.

Die Frage, wie wir mit dem Menschen umgehen, wenn er »wirtschaftlich« nichts mehr bringt, kommt auf uns zu. Die Kosten der medizinischen Versorgung werden steigen, und es wird nicht mehr genug Geld da sein. Da wird politische Phantasie gefragt sein, um das Gesundheitssystem zukunftsfähig umzubauen. Wenn wir uns selbst noch etwas wert sind, dann dürfen wir die Euthanasie nicht zulassen.

Der Staat ist für die Menschen da, nicht die Menschen für den Staat

… oder für die Wirtschaft! Man muss den Menschen die Freiheit geben, sich selbst zu verwirklichen und tun zu können, was sie gerne wollen. Der Satz »Der Mensch lebt nicht vom Brot allein« ist für unser ganzes Leben anwendbar. Arbeit gibt dem Menschen auch seine Würde, aber sie ist nicht alles. Wir sehen das doch auch an denen, die man als »workaholics« bezeichnet. Eigentlich ist es fast traurig, diese anzusehen, denn wie oft gehen die viele Arbeit und auch der berufliche Erfolg auf Kosten der menschlichen Beziehungen. Arbeit allein macht nicht den ganzen Menschen aus, selbst wenn man Freude an seiner Arbeit hat, was der Idealfall sein sollte.

Nach dem eigenen Wert des Menschen ist auch das staatliche Tun zu beurteilen. Bemüht sich der Staat, einen Rahmen zu schaffen, in dem seine Bürger gut leben und arbeiten können? Hat jeder die Möglichkeit der Teilhabe an der Gesellschaft? Hat jeder die Möglichkeit, seine Talente und Begabungen bestmöglichst auszubilden und sich in der Arbeit zu entfalten? Oder erdrückt der Staat seine Bürger, bremst er deren Eigeninitiative, ist er fürsorglich oder vorsorglich. Ein fürsorglicher Staat schafft Abhängigkeiten, in die sich der ein oder andere aus Bequemlichkeit sicher ganz gerne fallen lässt. Macht der Staat den Menschen zu seinem Diener oder ist er der Diener seiner Bürger?

Der Mensch hat mehr Wert als seine Arbeitskraft, und das müssen auch Staat und Wirtschaft berücksichtigen. Der Mensch ist Subjekt und darf nicht Objekt aller staatlichen Tätigkeiten werden. Mitunter greift die Politik, mit dem Vorwand, das Beste machen zu wollen, zu völlig falschen Maßnahmen unter Missachtung jedes natürlichen Menschenverstandes und unter Missachtung des in Sonntagsreden oft strapazierten Subsidiaritätsprinzips. Letzteres besagt, dass die größere Einheit niemals Aufgaben übernehmen darf, die die kleinere Einheit zufriedenstellend erfüllen kann. Gerade im Bereich der Familienpolitik erleben wir gegenwärtig das Gegenteil. Da macht sich ausgerechnet das zuständige Ministerium mit seiner Politik zum Anwalt der Wirtschaft und nicht zum Anwalt der Familien. Entgegen allen wissenschaftlichen Erkenntnissen wird der Ausbau der Krippenplätze massiv gefördert – unter dem Deckmäntelchen der »Vereinbarkeit von Familie und Beruf« wird das Idealbild gefördert, Frauen so schnell wie möglich wieder an ihren Arbeitsplatz zurückkehren zu lassen und ihre Kinder so früh wie möglich fremdbetreuen zu lassen.

Es gibt Fälle, in denen kleine Kinder betreut werden müssen, weil die Mütter aus materiellen Gründen gezwungen sind, zu arbeiten. Davon gibt es sehr viele. Da muss geholfen werden, um den Müttern zu ermöglichen, in den ersten Jahren bei ihren Kindern zu bleiben, wenn sie es wollen. Warum sperrt sich die Politik gegen ein angemessenes Erziehungsgeld? Andere Länder machen es doch vor, wie es geht. In Schweden beispielsweise gibt man ein großzügiges Erziehungsgeld, und die Eltern können dann selbst wählen, ob sie es für eine Außer-Haus-Betreuung ausgeben oder die Kinder selbst erziehen. Gewisse Politiker diffamieren solche Vorschläge als »Herdprämie« – und das zeigt eigentlich, in wessen Interessen sie stehen. Dagegen belegen Umfragen, dass die jungen Frauen in großer Mehrheit in den ersten drei Jahren zu Hause bleiben wollen, d. h. ihre Kinder selbst erziehen wollen, wenn sie es sich wirtschaftlich leisten können und keine beruflichen Nachteile hinnehmen müssen. Also müsste der politische Ansatz dazu von dieser Seite herkommen. Dafür wird das Pferd jedoch von hinten aufgezäumt.

Ich persönlich bin entschieden dagegen, dass in einem Land, dem es im Großen und Ganzen doch gut geht, ein Druck ausgeübt wird, dass die kleinen Kinder von der Mutter getrennt in einer Kinderkrippe erzogen werden. Das Urvertrauen eines Kindes zur Mutter, zu seiner gewohnten Umgebung ist etwas ganz Wichtiges und nicht ersetzbar. Es gibt viele Schäden, die auf die Störung des Urvertrauens zurückzuführen sind. Und das kann geschehen, wenn ein Kind zu früh in die Fremdbetreuung kommt. Hirnforscher und Bindungsforscher warnen vor einem Ausbau der Krippenerziehung, weil sie halt eben Risikoerziehung ist. Die ersten drei Jahre sind enorm wichtig für die stabile Entwicklung eines Kindes. Wird da etwas gestört, dann kann das katastrophale Folgen haben.

Könnte man die Kinder selbst fragen, dann würde man schnell feststellen, dass sie das auch nicht wollen. Eigentlich liegt es schon auf der Hand, denn sonst würden viele Kleinen nicht so viel schreien und weinen, wenn die Mutter weggeht. Wir haben in der Firma vor Jahren eine Kinderkrippe geführt für die ganz Kleinen. Schlussendlich haben wir sie aufgegeben. Ein einjähriges Baby versteht halt nicht, wenn die Mama sagt, dass sie in ein paar Stunden wieder da ist.

Es gibt Fälle, wo es wirklich notwendig ist, dass die Mutter arbeitet. Viele Alleinerziehende kämen sonst gar nicht über die Runden. Wir sollten auch diesen Müttern, die darauf angewiesen sind, kein schlechtes Gewissen machen. Aber wir dürfen das nicht zur Norm machen und keinen Druck ausüben, um anschließend die Arbeitskraft der Mutter wiederzuhaben. Darin sehe ich eine Ausbeutung der Mütter. Die Frauen werden so im Arbeitsprozess ein wichtiges Wirtschaftsgut. Die Frau, die sich selbst um ihre Kinder kümmert, wird teilweise schief angeschaut. Aber gerecht wäre es, eine Frau, die ihre Kinder selbst großzieht, wirtschaftlich entsprechend zu stellen, weil sie für den Staat, für die Allgemeinheit eine großartige Leistung erbringt, die sich langfristig auszahlt.

Das Gegenteil kann sehr teuer kommen. Ich weiß, dass ich da nicht im Einklang mit der derzeitigen politischen Meinung bin. Vielleicht sagt der ein oder andere, dass ich doch gerade an Krippeneinrichtungen Interesse haben müsste, da doch die Kinder meistens mit unseren Produkten ernährt werden, aber es ist ein problematischer Weg. Kinder brauchen in den ersten drei Jahren ihre Mutter, keine noch so qualifizierte Krippenbetreuung kann sie ersetzen. Nun wird nicht jedes Kind, das in einer Kinderkrippe groß wird, nachhaltigen Schaden erleiden, das ist sicher nicht der Fall, dennoch bleibt Krippenerziehung mit Risiken verbunden.

Jemand hat gesagt, wir müssen nicht die Familien der Arbeitswelt anpassen, sondern die Arbeitswelt den Familien. Manchmal ist das schwierig. Aber mit ein wenig gutem Willen geht das schon. Beruf und Familie sind unter gewissen Bedingungen miteinander vereinbar. Wir haben hauptsächlich Frauen beschäftigt und bieten auch flexible Arbeitszeiten an, einen Vierteltag oder einen halber Tag, eben die verschiedensten Teilzeitmöglichkeiten. Die Mütter können, wenn sie wollen, mittags das Essen vom Betriebsrestaurant mit nach Hause nehmen, dann brauchen sie nicht einzukaufen und zu kochen. Aber damit können wir vielen Müttern die Möglichkeit geben, dass sie wieder im Beruf tätig sind.

Wenn wir das Subsidiaritätsprinzip ernst nehmen würden, dann müssten wir viel mehr für die Familien tun. Die Familien leisten unendlich Wichtiges für unsere Gesellschaft. Nirgendwo sonst werden Liebe und Solidarität, Verantwortung und Gemeinsinn so eingeübt wie in der Familie. Keine einzige staatliche oder nichtfamiliäre Institution kann sie ersetzen. Sie ist der ursprünglichste Bund, den Menschen untereinander haben und weiter haben wollen. Fragt man unter Jugendlichen, wie sie sich ein glückliches Leben vorstellen, dann sagt die Mehrheit – mit einer Familie. Erst danach kommen in der Rangfolge ein guter Job, viele Freunde oder Reichtum. Wir sollten uns nicht von den verschiedensten Horrormeldungen beeinflussen lassen, die in den letzten Monaten durch die Medien gegangen sind. Wenn ein Kind vernachlässigt, misshandelt wird oder gar stirbt, die Familie zerfällt oder oft noch nicht einmal rudimentär vorhanden ist, dann ist das eine Tragödie – aber glücklicherweise nicht der Normalfall. Die Mehrheit der Familien lebt noch immer in stabilen Beziehungsverhältnissen. Die Richtschnur für die Familienpolitik darf nicht die Defizitfamilie sein.

Aber es wird für die Familien wirtschaftlich immer schwieriger. Jemand hat gesagt, der Staat treibe den Familien »die Sau vom Hof und reiche ihnen dann gönnerhaft ein Kotelett«. Familie wird dem Takt der Leistungsgesellschaft untergeordnet und nicht umgekehrt. Die jüngsten Steuererhöhungen, vor allem die der Mehrwertsteuer, gehen gerade zu Lasten der Familien. Warum eigentlich unterliegt Hundefutter einem niedrigeren Steuersatz als alle anderen Produkte, die eine

Familie braucht? Warum eigentlich gibt es immer noch kein gerechtes Steuersystem für Familien? In Frankreich beispielsweise hat schon General de Gaulle die Bedeutung des dritten Kindes erkannt. Ab dem dritten Kind zahlt die Familie praktisch keine Steuern mehr. In Deutschland hingegen werden die Freibeträge gekürzt. Es gäbe viele Vorschläge, um eine Verbesserung der Situation der Familien zu erreichen, unter anderem auch der Ausbau der Erziehungsjahre im Rentensystem oder die Dynamisierung von Kinder- und Erziehungsgeld und vieles mehr. Anstatt dessen steigen in den Parteien immer mehr die Rufe nach mehr Staatszugriff auf die Kinder an: »Lufthoheit über den Kinderbetten« ist dafür ein bezeichnendes Schlagwort. Und eine der jüngsten Entscheidungen im Deutschen Bundestag betraf das Zugriffsrecht auf Kinder aus sogenannten problematischen Familien. Anstatt überforderten Eltern Hilfe zur Erziehung zu geben, werden ihnen die Kinder einfach abgenommen und in ein Heim gesteckt. Kann das die Lösung sein?

Eine merkwürdige Begriffsverkehrung hat in den letzten Jahren stattgefunden. Früher hat es einmal das Wort vom Kinderreichtum gegeben, was auch heißt, dass jemand mit vielen Kindern gesegnet war. Heute erlangt das Wort der »Kinderarmut« traurige doppelte Bedeutung: Einerseits sind wir arm an Kindern, und andererseits sind Kinder heute ein Armutsrisiko geworden. Alles Gejammere darüber verbleibt aber in der Kategorie der Krokodilstränen, wenn nicht die Politik sich ernsthaft der Familie zuwendet.

An anderer Stelle in diesem Buch habe ich mich

schon für ein Familienwahlrecht ausgesprochen. Es ist an der Zeit, noch mal über diesen Vorschlag nachzudenken. Ein Staat, dessen Familien zu zerfallen drohen, der damit die Folgekosten tragen muss, ist schlicht und einfach nicht mehr finanzierbar. Die Familie ist und bleibt das Fundament unserer Gesellschaft. Das ist im Übrigen nicht meine Privatmeinung, sondern steht auch festgeschrieben in der Menschenrechtserklärung der Vereinten Nationen, Art. 16,3: »Die Familie ist die natürliche Grundeinheit der Gesellschaft und hat Anspruch auf Schutz durch Gesellschaft und Staat.«

Was ist uns Gott noch wert?

Gegenwärtig drängt sich der Eindruck auf, dass die Religion bzw. Gott in unserer Gesellschaft auf das Abstellgleis geschoben werden sollen. Viele meinen, der Glaube sei heute nicht mehr aktuell und die Kirche könne keine Antwort mehr geben auf die Fragen unserer Zeit. Manche sind verunsichert, ob die Kirche denn überhaupt noch mit dem heutigen Leben oder mit dem Zeitgeist zusammenpassen kann. Hat sich das nicht alles überlebt? Wenn man es so betrachtet, dann hat schon Jesus Christus nicht mit dem Zeitgeist, der damals im römisch besetzten Palästina geherrscht hat, zusammengepasst. Die Kirche war und ist immer anachronistisch und eigentlich soll sie sich auch nicht zu sehr der jeweiligen Zeit anbiedern. Immer wenn sie dieser Versuchung erlegen ist, hat die christliche Botschaft an Strahlkraft verloren, bis wieder neue Reformer kamen und das Schiff in die richtige Richtung gelenkt haben. Auch im Nationalsozialismus hat es einen bestimmten Zeitgeist gegeben – selbst in den kommunistischen Diktaturen Mittel- und Osteuropas. Diejenigen aber, die sich aus der Überzeugung der Wahrheit ihres Glaubens mutig und ohne Rücksicht auf Nachteile den Machthabern entgegengestellt haben, um anderen zu helfen, sind uns doch heute leuchtende Vorbilder.

Der Zeitgeist ändert sich, das entspricht seinem Wesen, und was heute modern und schick ist, ist morgen völlig veraltet. Demgegenüber gibt es Dinge, die ewig bleiben. Wir haben anfangs von den Zehn Geboten gesprochen, wie sie uns doch in einer einfachen und klaren Sprache die Grundregeln unseres Zusammenlebens geben. Und da ist die erste: »Ich bin dein Herr und dein Gott! Du sollst keine anderen Götter haben neben mir.« Wir sollten also nicht nur zu versuchen trachten, uns unseren Mitmenschen gegenüber gut zu verhalten, wir sollten auch schauen, dass wir uns Gott gegenüber gut verhalten. Es wird viel zu wenig von Gott gesprochen. In muslimischen Ländern ist es eine gute Tradition für jeden Politiker oder auch anderen Menschen, der eine Rede hält, diese mit den Worten zu beginnen: »Im Namen Gottes, des Allmächtigen …« Selbst Reichskanzler Bismarck hat noch in jeder seiner Rede mehrfach von Gott gesprochen.

Keine Angst vor dem Islam

Die Debatte um den Islam hat eine eigenartige Dynamik gewonnen. Eigentlich brüsten wir uns doch immer damit, eine tolerante Gesellschaft zu sein. Und auf einmal haben wir eine Debatte, ob es gestattet ist, als Muslima im öffentlichen Dienst ein Kopftuch zu tragen. Mal wird argumentiert, der Staat müsse weltanschaulich neutral sein. Dann aber stellt sich die Frage nach der Ordenstracht einer Klosterfrau, die unterrichtet. Und in der Tat, es hat bereits Orte gegeben, wo Klosterfrauen nicht mehr im Habit unterrichten dürfen. Das ist absurd – und das merkt auch jeder. Die Einzigen, die jubeln, das sind die Areligiösen. Ein anderes Argument gegen das Kopftuch ist die Behauptung, es sei ein Instrument der Unterdrückung der Frau. Nun mag ich aber beim besten Willen nicht verstehen, inwiefern eine junge, gut ausgebildete Frau für das Instrument ihrer Unterdrückung bis vor den Bundesgerichtshof geht – wie ebenjene Fereshda Ludin, die dagegen klagte, ihr Kopftuch im Unterricht ablegen zu müssen. Eigentlich ist es schon beschämend, wie wir hier mitunter mit den Muslimen umgehen.

Wenn angesehene Geschäftsleute Geld zusammenlegen und sammeln, um ein Gotteshaus zu bauen, dann ist das doch ein großartiges Engagement. Zahlreiche Kirchen sind so entstanden. Auch der Kölner Dom konnte nur gebaut werden durch die materiellen Opfer der Kölner Bürger. Aber es scheint etwas anderes zu sein, wenn die Gläubigen Muslime sind. In München spielt sich gegenwärtig eine große Debatte über den Neubau einer Moschee ab. Auch in Köln gibt es Diskussionen. Traurigerweise wird die öffentliche Diskussion nicht immer mit Respekt und Takt geführt. Unsere muslimischen Mitbürger, die zum Teil schon seit Jahrzehnten hier leben und arbeiten, können dadurch nicht den Eindruck haben, dass sie bei uns willkommen sind. Ich frage mich, ob diejenigen, die große Plakate drucken mit der Aufschrift »Keine Moschee in XYZ!«, auch Plakate mit der Aufschrift »Keine Synagoge in XYZ!« aufhängen würden. Es scheint mir, dass hinter diesen Protesten nicht nur die Angst vor Überfremdung steckt, sondern noch etwas viel Größeres. Wenn wir Christen alle so glaubensstark wären wie die Muslime, dann hätten wir sicherlich keine solchen Debatten um den Bau von Moscheen. Es scheint die Angst zu sein vor der Glaubensstärke und Glaubenskraft der Muslime, vor der Selbstverständlichkeit, wie dort noch Religiosität gelebt und ein gottesfürchtiges Leben geführt wird. Ein geistig verunsichertes Europa, das mit seiner eigenen Tradition und Religion fremdelt, fürchtet sich natürlich vor der Kraft eines Islam. Dass da auf der anderen Seite, der islamischen, einige mit gewissen Äußerungen über das Ziel hinausschießen, ist selbstverständlich.

Wir haben in unserer Gesellschaft ein recht merkwürdiges Bild von den Moslems. Es ist irgendwo angesiedelt zwischen dem Selbstmordattentäter mit dem Bombengürtel um den Körper, dem türkischen Gemüsehändler um die Ecke und den Geschichten aus Tausendundeiner Nacht. Mit der Realität hat das nicht wirklich viel zu tun. In der Firma haben wir schon seit vielen Jahrzehnten muslimische Mitarbeiter, und einer meiner langjährigen Freunde ist ein Moslem. Wer je in arabischen Ländern unterwegs war, wird die dortige Freundlichkeit und Gastfreundschaft nie vergessen. Wir müssen aufpassen, was heute hier geschieht. Nach den Anschlägen vom 11. September 2001 und deren Folgen hat die Distanz zwischen unserer westlichen Kultur und dem Islam weiter zugenommen. Man kann einen Kampf der Kulturen auch herbeireden, und ich fürchte, wir sind mittendrin. Die Veröffentlichung der Karikaturen über den Propheten Mohammed durch eine dänische Zeitung war eine der gröbsten Geschmacklosigkeiten, an die ich mich erinnern kann. Es hilft ein Blick durch die Brille des Gegenübers – über Jahrhunderte hinweg war der Westen eine Bedrohung für den Islam. Dabei sind die Kreuzzüge nicht einmal wirklich relevant, sondern eher der Kolonialismus des 19. Jahrhunderts. Es ist dringend geboten, dass wir zu einem guten Verständnis miteinander kommen und in gegenseitigem Respekt miteinander leben. Ein gläubiger Christ und ein gläubiger Muslim haben miteinander mehr gemeinsam als mit einem säkularisierten Atheisten. Mit unseren Gemeinsamkeiten können wir zusammen diese Gesellschaft gestalten. Denn ein Angriff auf das Kopftuch ist genauso zu werten wie ein Angriff auf das Kreuz.

Gott in die Verfassung

Noch vor wenigen Jahrzehnten wären gewisse Dinge undenkbar hier gewesen: das Kreuzurteil oder auch die absurde Debatte über den Gottesbezug in der europäischen Verfassung. Ich bin nicht sicher, ob die Präambel im deutschen Grundgesetz »Im Bewusstsein der Verantwortung vor Gott und den Menschen ...« von einer parlamentarischen Versammlung heute noch so abgestimmt werden würde. Und dabei haben die Väter des Grundgesetzes jene Formulierung und Anrufung Gottes gewählt, gerade vor dem Hintergrund der furchtbaren Erfahrung des Dritten Reiches, in welchem sich niemand Gott gegenüber verantwortlich fühlte und eine von Menschen gemachte Ideologie Millionen von anderen Menschen das Leben kostete.

Dostojewski schrieb in seinem Roman »Die Brüder Karamasov«: »Wenn es Gott nicht gibt, dann ist alles erlaubt.« Damit hat er recht. Man könnte das Zitat abwandeln: »Wenn es Gott nicht gibt, dann bin ich Gott.« Und genau das passiert, wenn der Mensch sich keiner höheren Instanz, also Gott gegenüber, für verantwortlich hält. Dann spielt er sich selbst zum Gott auf. Das mag reizvoll für ihn sein, ist jedoch immer zum Scheitern verurteilt. Die Versuchung und ihre Konsequenzen mussten schon Adam und Eva im Paradies erfahren – die Schlange lockte zum Baum mit den verbotenen Früchten mit dem Wort: »Ihr werdet sein wie Gott!« – Den Ausgang der Geschichte kennen wir.

Wir erinnern uns noch an die Debatten über die Nennung Gottes, die »Invocatio Dei«, in der europäischen Verfassung (die mittlerweile zum sogenannten Vertrag von Lissabon geworden ist). Die Vertreter der laizistischen Front haben getobt und alles, leider auch erfolgreich, versucht, die Anrufung Gottes zu verhindern. Ganz so jung ist diese Diskussion auch nicht. Als sich in den vierziger Jahren in Dumbarton Oaks in Washington die Vertreter der Sowjetunion, der USA und Englands zusammensetzten, um die Charta der Vereinten Nationen auszuarbeiten, war es der sowjetische Beauftragte Maxim Litvinow, der sich vehement dafür einsetzte, auf die Nennung Gottes in der Charta zu verzichten. Der Mensch sollte an die Stelle Gottes gesetzt werden. Bei der Abstimmung über die Charta während der Gründungskonferenz der UNO in San Francisco im Jahr 1945 stimmten dann von den 51 Gründungsmitgliedern elf gegen die Formulierung und für einen Gottesbezug – das waren die Vertreter von sechs muslimischen Staaten und fünf südamerikanischen Ländern. Und so beginnt die Präambel der UNO: »Wir, die Völker der Vereinten Nationen …«

In Europa konnten sich die Politiker nur auf eine diffuse Formulierung »… schöpfend aus dem kulturellen, religiösen und humanistischen Erbe Europas …« einigen. Wie schade, dass eine direkte Anerkennung Gottes nicht durchsetzbar war. Damit hätten alle ins Boot geholt werden können, nicht nur Christen und Juden, sondern auch die vielen Moslems, die in Europa leben, sowohl die zugewanderten als auch die europäischen Moslems auf dem Balkan. Die Argumente der Gegner waren vielfältig – teils aus klassischen laizistischen Ansichten heraus, teils aus einem tiefen Hass auf die Religion heraus. Am absurdesten war das Argument, man dürfe »Nichtgläubige« mit einer Gottesanrufung nicht provozieren bzw. diskriminieren – ein Argument, welches im Übrigen häufiger gebraucht wird. Leider haben sich die Kirchen nicht überzeugend eingesetzt, von ihnen hätte man mehr erwartet. Bei der Debatte im Europäischen Parlament um die Präambel der Verfassung fragte der litauische Abgeordnete und ehemalige Präsident seines Landes Vytautas Landsbergis: »Sollte Gott der letzte Emigrant Europas sein?«

Eine kluge Frage. Die Zeichen stehen auf Sturm, und manchmal sieht es wirklich so aus, als ob der christliche Kontinent Europa seine Wurzeln und damit sich selbst vergisst. Wenn wir aus Europa all das herausnehmen, was sich aus dem Christentum und dem Glauben entwickelt hat, dann bleibt nicht mehr viel übrig, es gäbe weder Kunst und Kultur, unsere Städte hätten eine völlig andere Struktur, da keine Kirchen mehr in ihrem Zentrum stünden, und selbst unsere Zeitrechung und die Wocheneinteilung von Montag bis Sonntag wären perdu. Auch der Humanismus, der so gerne als die wahre Gesinnung zelebriert wird, verlöre an Basis. Denn woher kommen denn die humanistischen Glaubenssätze wie beispielsweise der Kantsche Klassiker: »Handle so, dass die Maxime deines Handelns als allgemeines Gesetz gelten könnte.«? Der Volksmund macht daraus: »Was du nicht willst, was man dir tut, das füg auch keinem andern zu!« Was ist das anderes als das zweite der Zehn Gebote und die ständige Aufforderung Jesu Christi: »Liebe deinen Nächsten wie dich selbst!«

Mehr Ethik durch weniger Religion?

Selbst Humanisten und erklärte Atheisten kommen mitunter auf den Gedanken, dass eine Gesellschaft ohne Gott, ohne Kirchen nicht wünschenswert und auch nicht lebenswert wäre. Die Galionsfigur der deutschen Linken, Gregor Gysi, äußerte sich im Rahmen einer Buchvorstellung[29]: »Eine gottlose Gesellschaft ist auch eine wertlose Gesellschaft.« Und weiter meinte er, nur die Kirchen seien in der Lage, die Gesellschaft mit Werten zu prägen. Ganz so selbstlos wird Gysi das nicht gesagt haben, er betreibt natürlich auch immer Stimmenfang für seine Partei[30], aber seine Erkenntnis lässt durchaus aufhorchen.

In Frankreich, was man ein wenig als Wetterwinkel Europas bezeichnen kann, wird auf einmal an den Fundamenten des Laizismus gerüttelt. Noch vor seiner Wahl zum Präsidenten hatte Nicholas Sarkozy sich dafür ausgesprochen, die Religionsgemeinschaften staatlich zu fördern: »Wir unterstützen Fußballvereine, Sportvereine, warum dann nicht auch die Kirchen und die muslimische Gemeinschaft?« Wenn man bedenkt, dass der Laizismus, der in Frankreich im Jahr 1905 Verfassungsrang erhielt, eine Art heilige Kuh ist, dann ist eine solche Aussage revolutionär.

Das sind Hoffnung gebende Zeichen. Auf der anderen Seite ist der Markt an Weltdeutungsangeboten so

---

29 Bei der Vorstellung des Buches »Gott. Eine kleine Geschichte des Größten« von Manfred Lütz, Pattloch Verlag, München 2007

30 Die weder ihre SED-Vergangenheit noch die Christenverfolgung in der DDR seriös aufgearbeitet hat.

groß wie nie zuvor. Das wachsende öffentliche Interesse hat den »Neuen Atheismus« zum Gegenstand gesellschaftlicher Diskurse gemacht. Dabei ist der Atheismus tatsächlich keine neue Modeerscheinung, vielmehr ist die von Atheisten ausgehende Aggressivität die wirkliche Neuheit. Im Wesentlichen verbreiten die Atheisten drei Leitgedanken: die Gefährlichkeit der Religion, die Abschaffung Gottes durch die Wissenschaft und dass es keiner Religion bedürfe, um ethische Wertvorstellungen zu entwickeln. Dabei ist die Aggressivität der Atheisten durchaus dem Fundamentalismus ähnlich, den sie geißeln.

Nach den Anschlägen vom 11. September 2001 hat es der erste Gedanke wohl ziemlich leicht. Und gern werden auch immer wieder christliche Greueltaten der letzten 1500 Jahre als Argument bemüht. Beides hat mit der Religion nichts zu tun. Gott verachtet die Gewalt – und das können wir nachlesen in der Bibel, im Koran und in den heiligen Büchern der Juden. Die Religion mit Gewalt gleichzusetzen ist schon sehr an den Haaren herbeigezogen. Das Wissenschaftsargument ist immer wieder sehr beliebt. Doch können eben gerade diejenigen, die behaupten, die Existenz Gottes ließe sich wissenschaftlich nicht beweisen, den Gegenbeweis nicht antreten: Sie können auch nicht beweisen, dass Gott nicht existiert!

Im Übrigen ist diese Debatte eine ziemlich alte, aus dem 19. Jahrhundert stammend, noch ausgehend von der Aufklärung. Es ist also nichts wirklich Neues. Die Urknalltheorie mag wissenschaftlich richtig sein, aber es muss einen letzten Seinsgrund geben, der unabhängig davon existiert. Wie interessant ist es doch, den Schöpfungsbericht zu lesen, der vor rund 3500 Jahren verfasst wurde. Man muss darin nicht alles wörtlich nehmen, vor allem nicht die Zeitangaben, und doch schildert dieser uralte Text genau die Entwicklungsstufen unserer Welt – Finsternis, Licht, Erde, Wasser, dann die Fische, dann die Vögel, dann die Tiere auf der Erde und schließlich der Mensch. Jeder Evolutionswissenschaftler wird bestätigen, dass die Säugetiere sich nicht vor den Fischen entwickelt haben.

Wenn wir keine Religion brauchen, um ethische Wertvorstellungen zu entwickeln, dann frage ich mich, wie das gehen soll? Woher kommen denn unsere Werte, unsere Moral? Religion heißt auch immer das Streben nach dem Guten um Gottes willen. Im Menschen selbst sind Gut und Böse gleichermaßen angelegt – wenn beides nun wertfrei ist, dann relativiert es sich selbst. Im Übrigen ist eine solche Behauptung ziemlich absurd, denn wir leben nicht in einer wertfreien, wertlosen Gesellschaft. Alle unsere Werte haben ihren Ursprung in der Religion. Selbst unberührte Naturvölker können nicht als Beispiel dienen, denn auch diese haben immer eine Religion, die für sie wertebestimmend ist.

In einer Gesellschaft, die Gott und seine Gebote achtet, lebt auch der Nichtgläubige gut. Er kann sich auf ein fundiertes Wertesystem verlassen, das auch ihm seine Rechte garantiert. Wenn der Mensch sich nicht auf einen göttlichen Maßstab berufen kann – auf welchen dann? Die Geschichte des 20. Jahrhunderts hat uns auf traurige Weise gezeigt, was geschieht, wenn der Mensch sich zum eigenen Maßstab nimmt. Heinrich Böll hat einmal gesagt, ihm sei jede noch so verlotterte christliche Welt lieber als jede andere, weil darin Platz für Alte, Kranke, Arme und Schwache sei.

Das Gefährliche sind meines Erachtens aber nicht die Atheisten, nicht die Gottlosen, sondern die fatale Schwäche des zeitgenössischen Christentums.

Wir brauchen mehr Apostel und weniger Schriftgelehrte

Die Klagen über den Rückgang des Christlichen in unserer Gesellschaft werden zunehmend lauter. Da liegt unsere Aufgabe – es wird zunehmend stärker darauf ankommen, dass wir uns als Christen stärker und auch öffentlicher zu unserem Glauben bekennen. Noch gehen viel mehr Menschen in den Sonntagsgottesdienst als auf den Fußballplatz. Es gibt keinen Grund zur Resignation. Natürlich erleben wir im Moment eine Krise, aber das hat es schon öfter gegeben. Nach der Säkularisation im frühen 19. Jahrhundert lag die Kirche am Boden, und doch hat sich aus diesem vermeintlich vertrockneten Baum ein erstaunlich starker Trieb wieder entwickelt. Selbst durch den Kulturkampf ist die Kirche wieder stärker geworden.

Die Kirchen sollten heute aber auch etwas mutiger werden. Manchmal hat man den Eindruck, der ein oder andere Bischof ist mehr voller Menschenfurcht als voller Gottesfurcht. Es hat sich immer wieder gezeigt, dass die Menschen ein klares Bekenntnis von Kirchen erwarten und auch schätzen, selbst wenn sie nicht damit einverstanden sind. Ein »weichgespülter« Bischof beeindruckt niemanden. Einer, der auch mal etwas gegen den Zeitgeist sagt und damit aneckt, der wird zwar wohl beschimpft, aber er macht Eindruck, bringt manchen zum Nachdenken und zieht sich Achtung und Respekt zu. Vor Jahren, als der wortgewaltige Fuldaer Bischof Joachim Dyba starb, stand ein sehr beeindruckender Nachruf im »Spiegel«, der ja nun wirklich nicht unter dem Verdacht steht, ein Kirchenblättchen zu sein, und ihn zeit seines Lebens immer wieder bekämpft hatte. Dyba hat sich nie von den Angriffen beirren lassen, sondern ist seinen Weg weitergegangen. Dyba war ein Apostel.

Dann gibt es noch die Schriftgelehrten: Vermeintliche Theologen, die den Glauben mit jeder Erscheinung der modernen Welt in Einklang bringen wollen und nicht umgehrt. Die jeder Mode folgen. Da werden die Worte der Bibel so lang hingebogen, bis es passt. Da wird von einem aufgeklärten Glauben gesprochen, in dem kein Platz ist für Wallfahrten, Marterln und Heiligenbildchen. Lange wurde die Volksfrömmigkeit von den »Schriftgelehrten« schräg angeschaut. Das war etwas für alte Mütterchen, die ohnehin nur Rosenkranz beten. Dabei kann eine einfache Bauersfrau mitunter mehr Ahnung von der Heiligen Dreifaltigkeit haben als ein studierter Theologe.

Die Volksfrömmigkeit war und ist ein Ausdruck der Gleichheit und der Gerechtigkeit des Glaubens, denn er ist insofern gerecht, als dass er alle Menschen umfasst und angeht. Reiche wie Arme, Intelligente und nicht ganz so Schlaue. Der Glaube gibt uns Wärme.

Wenn jemand nach vielen Jahren wieder in eine Kirche geht, und es werden dort die Lieder gesungen, die er noch aus seiner Kindheit kennt, dann wird es ihm warm ums Herz, und er fühlt sich zu Hause. Mit neuen Liedern wird ihm dies nicht so ergehen.

Die Kirche und ihre Bischöfe haben eine große Aufgabe, nämlich uns den Glauben und die Tradition unverfälscht zu vermitteln. Da hat es manchen Irrweg gegeben in den letzten Jahren. Kardinal Ratzinger hat, wenige Stunden bevor er zum Papst gewählt wurde, eine bemerkenswerte Predigt gehalten: »Wie viele einander widerstreitende Meinungen haben wir nicht in den letzten Jahrzehnten kennengelernt, wie viele Ideologien und Denkströmungen ... Das kleine Schiff des Denkens vieler Christen ist nicht selten von diesen Wellen erfasst und von einem Extrem zum anderen geworfen worden: vom Marxismus zum Liberalismus, bis zum Libertinismus; vom Kollektivismus zum radikalen Individualismus; vom Atheismus zu einem vagen religiösen Mystizismus; vom Agnostizismus zum Synkretismus und so weiter. Jeden Tag entstehen neue Sekten, verwirklicht sich das, was der heilige Paulus als ›Betrug der Menschen‹ und ›Verschlagenheit, die in die Irre führt‹ bezeichnet (vgl. Eph. 4,14). Einen eindeutigen, dem kirchlichen Credo folgenden Glauben zu haben wird häufig mit dem Etikett des Fundamentalismus belegt. Während der Relativismus, also das Hinundher-Getriebensein vom Widerstreit der Meinungen, als einzige Haltung erscheint, die der heutigen Zeit entspricht. Es bildet sich eine Diktatur des Relativismus heraus, in der nichts als endgültig anerkannt wird und die als letzten Maßstab nur das eigene Ich und dessen Wünsche zulässt.«

In unserem Unternehmen weiß jeder über unsere Orientierung Bescheid. Ich bin auch meinen Eltern dankbar, dass sie uns Kindern ein so starkes Fundament mitgegeben haben. Sie hatten nicht immer eine leichte Zeit, vor allem nicht während des Dritten Reiches. Allein schon, dass in jedem Raum in der Firma ein Kreuz hing, hat die Nazis gestört. Wir haben auch nie die »Goldene Fahne« für vorbildliche Unternehmen verliehen bekommen. Nach dem Krieg war das für uns ganz gut, dass wir so waren.

Vor einigen Jahren aber hatten wir wieder ein »Problem« mit den Kreuzen – eben gerade zu der Zeit des Kreuzurteils. Ich will nicht sagen, dass dies damit zusammenhängt, aber die zeitliche Entsprechung ist schon interessant. Eine staatliche Kontrolle hat moniert, die hölzernen Kreuze seien unhygienisch. In einem Lebensmittelproduktionsbetrieb dürfe kein Holz an der Wand hängen. Da habe ich eine Bildhauerkollegin gebeten – Gabriela von Habsburg – ein Kreuz aus Edelstahl zu entwerfen, was man an die Wand schrauben kann, was ganz hygienisch ist. Wir haben also nach wie vor die Kreuze in allen unseren Räumen und konnten so schlauerweise eine uns unliebsame Anforderung umgehen.

Es ist also nicht so schwierig. Positive Zeichen gibt es genug. Bei den Jugendlichen spürt man eine starke Hinwendung zu Gott und zur Religion. Unbewusst wissen sie, dass ein Leben, allein auf das Diesseitige, auf das Materielle orientiert, nicht funktionieren, nicht glücklich machen kann. Insofern ist es noch etwas anderes als vor 40 Jahren, als die 68er die Abschaffung der Religion predigten. Wir sollten angesichts der Stürme gelassen sein, aber mit viel Mut und Tapferkeit unseren eigenen Glauben bewahren und leben. Und für die, die nicht an Gott glauben können: Papst Benedikt hatte der italienischen Journalistin und bekennenden Atheistin nach einem langen Gespräch gesagt, wenn sie schon nicht an Gott glauben könne, dann solle sie doch leben, als ob es Gott gäbe.

Jeder hat die Freiheit, es anders zu machen

In Staat und Gesellschaft hat sich ein verkrustetes System gebildet, in dem jeder versucht, so viel wie möglich für sich beziehungsweise seine Interessengruppe herauszuholen. Ob das eigene Handeln der Gemeinschaft schadet oder nicht, das spielt keine Rolle mehr – denn jeder macht es so, warum soll ich oder sollen wir es nicht genauso machen? Das System hat sich verselbständigt. Paul Kirchhof nennt es eine vielköpfige »Hydra«[31], aus der, wenn man einen Kopf abschlägt, zwei neue nachwachsen. Viele resignieren und haben die Auseinandersetzung längst aufgegeben. Der Pessimismus wird Mode.

Es ist so einfach, nur zu klagen. Schwieriger wird es, wenn man es besser machen soll. Doch wenn wir uns selbst ernst nehmen mit unserem Willen zur Freiheit, dann müssen wir diese Freiheit auch einfordern. Und wir müssen selbst etwas tun. Die Veränderung der Gesellschaft fängt bei jedem Einzelnen an. Ich kann nicht von anderen fordern, dass sie etwas ändern sollen, dass sie es besser machen sollen, wenn ich es selbst nicht

31 Paul Kirchhof, Das Gesetz der Hydra. Droemer, München 2006

tue. Da muss ich mir auch ständig die Frage stellen: Was kann ich selbst tun?

Natürlich kann der Einzelne die Welt nicht retten. Das ist auch gar nicht gefordert, denn das wäre naiv. Weltretter und Weltverbesserer laufen immer Gefahr, zu scheitern, wenn sie das Paradies auf Erden anstreben. Pessimisten, notorische Nörgler und Schlechtredner sind auch nicht hilfreich. Es gibt immer Auf-und-ab-Bewegungen, aber ein Nörgler hat selten dazu beigetragen, dass es wieder aufwärtsgeht.

Jeder Einzelne trägt Verantwortung. Nicht nur für sich selbst, sondern auch für seine direkte Umgebung und für die Gesellschaft. Und er soll die Freiheit haben, dieser Verantwortung nachzukommen. Die Freiheit ist uns von Gott geschenkt, also dürfen und müssen wir sie auch leben. Wir brauchen mehr Eigenverantwortung und mehr Selbstbestimmung.

Natürlich haben wir Forderungen an den Staat. Als Menschen sind wir zur Freiheit berufen und wir dürfen sie uns nicht vom Staat nehmen lassen. Jeder Mensch ist für sein Lebensglück in allererster Linie selbst verantwortlich. Der Staat hat keine Verantwortung für unser Lebensglück, und wir sollten ihn auch daraus entlassen.

Die politischen und administrativen Strukturen unseres Staates stammen noch aus der Zeit des materiellen Überflusses der sechziger und siebziger Jahre, als man dachte, alles ist möglich, und der Staat kann für alles Sorge tragen. Die Zeiten werden magerer, und dennoch baut sich der Staat immer weiter aus. Damit schwächt er sich selbst. Die Reformversuche, die es gegeben hat, sind ein Schritt in die richtige Richtung, aber immer noch zu kurz gesprungen.

Zwischen den Bürger und seinen Staat drängen sich immer mehr die Verbände, Lobbygruppen und Parteien, und so hat der Bürger den Eindruck, dass er ohnehin keinen Einfluss auf das Gemeinwesen haben kann.

Wir brauchen ein einfacheres Steuerrecht! Will der Staat Gerechtigkeit schaffen, dann müssen die Steuern runter, und zwar für alle! Es ist zwar ein Anfang gemacht mit der Einheitssteuer von 25 Prozent für Einkünfte aus Kapitalvermögen. Doch damit klafft die nächste Ungerechtigkeitslücke auf, denn Einkünfte aus Arbeit werden immer noch mit bis zu 45 Prozent versteuert. Der Gleichheitsgrundsatz ist so lange nicht gewährleistet, solange Einkünfte aus Kapitalvermögen und Einkünfte aus täglicher Arbeit einer ungleichen Besteuerung unterliegen. Wenn wir die Gleichheit in der Besteuerung meinen, dann meinen wir auch den Verzicht auf die Steuerprivilegien!

Wir brauchen Deregulierung! Die Normenflut droht uns zu überschwemmen. Der Normenkontrollrat für Bürokratieabbau, den die Bundesregierung im Jahr 2006 eingerichtet hat, hat bislang keine nennenswerte Arbeit vorgelegt. Es wäre sinnvoll, nicht nur neue Gesetze zu überprüfen, sondern vor allem auch die Streichung alter Gesetze, deren Zahl Legion ist. Bürokratie kostet Geld und macht Arbeit, dem Bürger, den Beamten und den Unternehmen. Mein Rat: weniger Gesetze, dafür den guten Beamten Handlungsspielraum!

Wir brauchen weniger Bevormundung durch den Staat – auch für die schwachen Mitglieder unserer Gesellschaft! Staatliche Leistungen sollten sowohl vom Staat als auch vom Leistungsempfänger als nur vorübergehend angesehen werden. Der Staat sollte alles tun, damit der Arbeitslose und der Sozialhilfeempfänger baldmöglichst wieder auf eigenen Füßen stehen kann! Wenn der Staat sich zu viel aufbürdet, dann gefährdet er sich als Sozialstaat selbst. So lange, bis er nicht mehr leistungsfähig ist, um als helfende Hand den Kranken, den Arbeitslosen und den Altersgebrechlichen zu stützen.

Wir brauchen mehr Bildung – und Bildung meint mehr als einen bestandenen PISA-Test. Bildung heißt nicht nur etwas wissen, sondern Herzensbildung, die den Charakter betrifft. Wir brauchen mehr Anstand – das ist mehr als das Befolgen der Regeln aus dem Benimmbuch.

Unsere Werte und unsere Moral sind in einem jahrtausendelangen Zivilisationsprozess entstanden. Sie spiegeln sich wider in unserer Kunst, in der Literatur, in der Philosophie. Sie basieren auf der Freiheit des Einzelnen. Sie haben sich bewährt und sind Garant für ein gutes Zusammenleben und für eine positive Gestaltung unserer Gesellschaft. Sie gelten allgemein und individuell.

Aber sie verlangen auch Arbeit. Ein hedonistischer Lebensstil braucht keine gedankliche Leistung, braucht kein Wollen. Werte zu leben, das ist manchmal anstrengend und nicht ganz einfach. Es braucht Mut dazu, auch dann den Mund aufzumachen, wenn alle gegen einen stehen. Ich muss wissen, um zu wollen! Und wenn jemand gegen den Strom schwimmt und etwas bewusst anders macht als die Mehrheit, gerade dann hat der Mensch die Möglichkeit, über sich selbst hinauszuwachsen.

Unseren jungen Menschen müssen wir alle Möglichkeiten eröffnen, um ein erfülltes Leben führen zu können. Meine Erfahrung ist immer wieder die gleiche: Junge Menschen wollen gefordert werden, und da ist es völlig gleich, ob es sich um einen Lehrjungen mit Hauptschulabschluss handelt oder einen Studenten. Die Jungen verdienen es, dass wir uns für sie anstrengen, ihnen das Bestmögliche mitzugeben. Es wird gerade die heranwachsende Generation sein, die die größten Möglichkeiten zur Veränderung unserer Gesellschaft hat. Uns Älteren wird es kaum mehr gelingen, die Verkrustungen aufzubrechen. Immer wieder ist es erstaunlich und erfreulich zu sehen, wie wertebewusst die Jungen sind. Sie werden es auch sein, die das Wertebewusstsein gegen den Zwang durchsetzen können.

Am Ende unseres irdischen Seins können wir nichts, aber auch gar nichts mitnehmen. Für denjenigen, der nicht glaubt, ist dann alles vorbei. Aber die Mehrheit ist doch davon überzeugt, dass nach dem Tod eben nicht alles vorbei ist. Ein gläubiger Mensch lebt in dem Bewusstsein, dass nach dem Tod noch eine andere, viel größere Welt auf ihn wartet. Wir sind in unserem irdischen Dasein beschränkt – das merken wir täglich, aber dennoch sind wir zu Höherem berufen. Wir haben die Pflicht, das Beste aus unserem Leben zu machen, aus unseren Talenten und Begabungen. Nicht unser materieller Erfolg wird sich im Jenseits auszahlen. Dieses Nichts mitzunehmen ist am Ende die ausgleichende Gerechtigkeit.

Mein Vater hatte einen Wahlspruch, der bis heute für mich selbst und unsere Firma gilt. In wenigen Worten beschreibt er, was wir tun sollen. Wenn wir uns der Werte bewusst sind und versuchen, danach zu handeln, dann sind wir auf einem guten Weg. Und so gilt:

FÜRCHTE GOTT,
TUE RECHT UND SCHEUE NIEMAND!